中国农业生产率问题研究

基于农地制度视角

戴攸峥 著

江西人民出版社
Jiangxi People's Publishing House
全国百佳出版社

图书在版编目（CIP）数据

中国农业生产率问题研究：基于农地制度视角 / 戴攸峥著 . —南昌：江西人民出版社，2021.12

　ISBN 978-7-210-13556-2

　Ⅰ . ①中⋯ Ⅱ . ①戴⋯ Ⅲ . ①农业生产 – 劳动生产率 – 研究 – 中国 Ⅳ . ① F323.5

中国版本图书馆 CIP 数据核字（2021）第 218366 号

中国农业生产率问题研究——基于农地制度视角　　　　戴攸峥　著

ZHONGGUO NONGYE SHENGCHANLÜ WENTI YANJIU——JIYU NONGDI ZHIDU SHIJIAO

责 任 编 辑：徐　旻
装 帧 设 计：章　雷

江西人民出版社　出版发行
Jiangxi People's Publishing House
全国百佳出版社

地　　　　址：江西省南昌市三经路 47 号附 1 号（330006）
网　　　　址：www.jxpph.com
电 子 信 箱：jxpph@tom.com　web@jxpph.com
编辑部电话：0791-88629871
发行部电话：0791-86898815
承 印 　 厂：北京虎彩文化传播有限公司
经　　　销：各地新华书店

开　　　本：720 毫米 × 1000 毫米　1/16
印　　　张：12.25
字　　　数：180 千字
版　　　次：2021 年 12 月第 1 版
印　　　次：2021 年 12 月第 1 次印刷
书　　　号：ISBN 978-7-210-13556-2
定　　　价：42.00 元
赣版权登字—01—2021—673

前　言

选择农业生产率问题进行研究，源于十几年前我在农村看到的现象：许多土地无人耕种、很少看到年轻人务农。之所以出现这种情况，农民的回答如出一辙：种地不划算、收入低。如何使宝贵的重要资源农地不荒芜，这个问题一直留在我的头脑里。

为了解开留在我头脑中的问题，对农村经济做进一步的深入研究，在收集、阅读了大量国内外有关农业、农村经济研究文献后，我感觉近年来我国农村出现的土地撂荒、务农人员老龄化现象，与农业生产比较利益低、农业劳动生产率不高有着密切的关系。在导师张进铭教授指导下，并征求了经济学导师组其他老师的意见，我最后确定以我国农业生产率问题作为毕业论文的研究内容。

本书在梳理和归纳国内外已有研究成果的基础上，运用制度变迁理论、生产率理论等相关原理，从理论上归纳农地制度变迁、农地规模经营等对农业生产率的影响，从实践上综合评价农地制度变革、农地规模经营与农业生产率的关系。理论和实践都证明，农地制度特别是农地产权制度，农地适度规模经营对农业生产率有重要影响；随着农村生产水平的进步，农地制度、农地的经营规模也要随着发生变迁。如果说本书的研究有一些值得可取之处，那么在于：第一，从制度变迁视角研究了农地制度与农业生产率的关系，即从制度变迁的视角分析了1949—2016年我国农地制度与农业生产率的关系，而现有的文献大多集中于研究家庭联产承包责任制与农业生产率的关系。第二，实证研究方法较为新颖。农业生产率的测算采用异质性的面板随机边界模型测算全国的农业全要素生产率，所得结果用来衡量农业生产率的高低；

采用面板门槛回归模型分析农地制度、农地经营规模与生产率的关系，对不同经济发展水平的区域如何制定农地规模经营政策做出系统考虑，并就完善相关的制度建设进行探索性的解答。第三，提出农地采取有偿承包。

研究农地制度变迁与农业生产率的关系，既具有一定的理论意义，也具有一定的实践意义。第一，为农地产权制度创新提供理论依据和决策建议。第二，使农地产权制度变迁理论发展更为完善。第三，为制定有效的农地流转政策提供依据。第四，为完善农业规模经营补助政策提供参考。

由于本人的理论水平有限，对问题的研究还不够深入，掌握的信息还不够全面，所以书中的一些观点可能存在不正确的地方，敬请读者批评指正。

戴攸峥

2021 年 10 月 20 日于南昌

目 录

第 1 章
绪 论

1.1 问题的提出

农业生产率的状况，不仅与农民的利益休戚相关，而且关系到国民经济整体的发展和社会的稳定。农地是农业生产的载体，是最重要的农业生产资料。世界各国的实践证明，农地制度对农业生产率有重要的影响。我国人口众多，人均耕地面积约为 1.4 亩，只有世界人均耕地面积的 1/3 左右。因此，建立与国情适应的具有中国特色的农地制度，一直是经济理论工作者和各级政府十分关注的问题。

从 1949 年到 1978 年的 30 年中，我国的农地制度经历了从土地改革到合作化，再到人民公社的变化。土地改革打破了地主土地私有的封建制度，满足了农民期待自己拥有土地的要求。土地改革建立的新的农地产权制度，使农地所有权和经营权统一了起来，农民的收益与农地的经营成果紧密相连，激发出农民身上的热情和干劲，促进了农业生产率的提高。

从 1954 年开始的合作化，特别是 1958 年的人民公社化运动，使农地制度逐渐进入不利于提高农业生产率的时期。在合作化初期，农民虽保留了农地的所有权，但失去了对自己私有土地的直接经营权；到高级合作社时期，则把农民的私有农地转变为集体的公有土地，把以农地私有制为基础的个体经济转变成以农地集体所有为基础的合作经济。在合作社经济中，农地的所有权和经营权都归集体，农民家庭的收益与家庭成员的努力付出不直接发生联系，而是与合作社集体经营的状况相关。人民公社化运动后，农村集体组织规模进一步扩大，集体经营进一步加强。实践证明，在集体经营中如果管理出现漏洞，偷懒和搭便车的行为便不可避免。农业生产作业分散，单项劳动质量又难以考核，加上当时农村有管理能力的干部普遍缺乏，因而合作社成员的搭便车行为较为普遍，导致了农业生产缺乏效率，粮食问题长期得不到解决。

1978 年从农村开始的改革，首先是从农地制度改革入手，到 20 世纪 80 年代初期，全国普遍推行了将集体所有、集体经营的农地制度改革为农地所有权归集体、经营权归农户的家庭承包经营制度。新的农地制度，所有权归集体公有，既保证了社会主义制度的延续性、稳定性，又可防止农地私有化可能产生的种种问题；农地经营权归农户家庭，回归农户收益与劳动付出直接挂钩的模式，有利于调动农户的生产积极性。正是这种统分结合的双层经营体制能把农民的生产积极性极大限度地调动起来，因而对我国粮食和农产品供给改善、农民收入增加和生活水平提高起了巨大作用。

家庭承包责任制实行已经 40 余年，其历史功绩有目共睹，不容否认。但是，随着我国市场经济的发展、工业化水平的提高和城市化进程的加速，家庭承包责任制的局限性也已明显暴露出来：家庭分散经营、规模过小，导致与市场对接困难；不利于农业科学技术的应用推广；无法取得规模经济效益；等等。家庭承包经营的这些局限阻碍了农业生产率的进一步提高，实践呼唤着农地制度的创新。

农地制度创新涉及的内容广泛，为使农业生产率上升到一个新的高度，目前理论界最为关注的，一是农地产权如何在有关经济主体之间合理配置，二是寻找最佳的农地经营规模，三是国家政策法规对农地制度创新的支持。关于农地产权制度改革，中央出台了农地所有权、承包权、经营权"三权分置"的重大举措，2017 年中央一号文件还提出了要大力培育新型农业经营主体和服务主体，通过经营权流转、股份合作、代耕代种、农地托管等多种方式，加快发展农地流转型、服务带动型等多种形式的规模经营。如何把中央的农地制度改革规划转化为进一步激发农民积极性、切实推动农业生产率有效改善的农地经营机制，使农地所有权、承包权和经营权边界清晰，各经济主体责权分明，农地经营权流转顺畅，农地经营规模合理，政策法规优化等，既是广大农民和农村工作者的任务，也是理论研究的重要课题。

1.2 研究目的及意义

1.2.1 研究目的

现有文献对农地制度变革、农地规模经营与农业生产率关系的研究结论并不一致，本书拟运用制度变迁理论、产权理论、规模经营理论、生产率理论等相关原理，在借鉴与吸收国内外相关研究成果的基础上，从理论上归纳农地制度变革、农地规模经营等对农业生产率影响关系的成果，从实践上综合评价农地制度变革、农地规模经营与农业生产率的关系，在此基础上提出优化农地制度的政策建议。

第一，从我国农地制度变迁的历史分析农地制度与农业生产率的关系。采用描述性统计分析方法，分析从1949年至今的土地改革、农业合作化、人民公社和家庭承包责任制等农地制度变迁对农业生产率的影响。

第二，实证分析农业生产率的变化受到农地制度的影响。采用异质性的面板随机边界模型测算全国农业生产率，得到1978—2016年的农业全要素生产率数据，全要素生产率的变化轨迹与农地制度变迁的轨迹是一致的，进一步说明农业生产率受农地制度的影响。

第三，研究家庭承包责任制下农地制度、农地经营规模与农业生产率的关系。采用面板门槛模型，将农地经营规模、农业政策改革时间段虚拟变量引入模型之中，综合评价农业政策、农地经营规模与农业生产率的关系。

第四，提出优化农地制度的政策建议。以上述研究结论为基础，提出优化农地制度的方式和途径，包括农地的产权结构、经营主体、经营规模、政策法规等。

1.2.2 研究意义

研究农地制度变迁与农业生产率的关系，既具有一定的理论意义，也具有一定的实践意义。

第一，为农地产权制度创新提供理论依据和决策建议。国家一直都在想方设法提升农业生产率，不论是进行大跨度的考察，还是实证分析我国农地产权制度的演变过程，通过研究各个时期我国农地产权制度变迁的方式，将不同路径和迥异的生产率进行分析，最终实现对其成败原因的寻找，这对于未来农地产权制度的创新具有重要意义。

第二，使农地产权制度变迁理论发展更为完善。在制度变迁的道路上有太多的路径可以依赖和选择，而这种特征也决定了现阶段的制度创新，必须要重视加强对中国制度变迁的传统惯性的研究，使过往的历史积淀能够为今天的改革提供借鉴，从而彰显农地产权制度变迁理论的中国特色。中国的农地产权制度的变迁必须通过实证来进行佐证，只有这样才能够保证经济理论发展的可靠性，才能对农地产权制度变迁所需要的理论做出更加充分的解释和说明。

第三，为制定有效的农地流转政策提供依据。通过分析我国农地经营规模与生产率的关系，可以得出什么样的农地经营规模能促进农业生产率的提升，在当前家庭承包责任制下应采取怎样的农地流转政策促进适度经营规模，从而为政策制定提供依据。

第四，完善农业规模经营补助政策。为推行农地规模经营，各地方政府采取了财政补贴的方式提升规模化生产水平，但这一做法是否合理，需要进一步分析。本书通过对农地规模经营与生产率的关系分析，为完善我国农业规模经营补助政策提供经验证据。

1.3　国内外关于农地制度与农业生产率关系研究综述

国内外学者关于农地制度变迁、农地经营规模与农业生产率关系的研究文献很多，涉及内容极为广泛。

1.3.1　马克思、恩格斯关于农地制度的论述

马克思认为，土地所有权是一种对土地独占并将自己的意志作用于其上的权力，不同的农地所有制是由当时的经济条件，即生产力水平决定的。"土地所有权的前提是，一些人垄断一定量的土地，把它作为排斥其他一切人的、

只服从自己个人意志的领域。……这种权力的利用，完全取决于不以他们的意志为转移的经济条件。"①

农地是农业的基本生产资料，而农业是国民经济的基础，对社会主义条件下的农地制度问题，马克思和恩格斯曾经做过探索，认为社会主义制度建立以后，首先，要将农地私有制转变为农地公有，或者将农地转归集体所有，或者将农地收归国有，实行农地国有化。"为了社会的利益，必须把地产变成集体的、国家的财产。"② 其次，在小农经济占统治地位的国家，对待小农不能像对等待大土地者那样实行剥夺，而是引导他们走合作化的道路，马克思说，"一开始就应当促进土地私有制向集体所有制过渡，让农民自己通过经济的道路来实现这种过渡；但是不能采取得罪农民的措施，例如宣布废除继承权或废除农民所有权"③。恩格斯也主张，"当我们掌握了国家政权的时候，我们决不会用暴力去剥夺小农……我们对于小农的任务，首先是把他们的私人生产和私人占有变为合作社的生产和占有，但不是采用暴力，而是通过示范和为此提供社会帮助"④。

马克思和恩格斯关于把私有农地转变为公有农地、通过集体组织生产的设想，包含了实现规模经营的含义，因为他们认为，小农经济不能适应社会化生产的要求，不可避免地会产生两极分化，"用自己的生产资料进行生产的手工业者或农民，不是逐渐变成剥削别人劳动的小资本家，就是丧失自己的生产资料（最常见的是后一种情况，即使他仍然是生产资料的名义上的所有者，例如农民在抵押借款的时候就是这样），变成雇佣工人"⑤。为提高农业生产率，马克思认为要用先进的科学技术武装农业，正是因为农业科学和技术的不断进步，"使农业由社会最不发达部分的单纯经验的和机械的沿袭下来的经营方

① 马克思恩格斯全集（第25卷）[M].北京：人民出版社，1974：695-696.
② 马克思恩格斯选集（第2卷）[M].北京：人民出版社，1972：295.
③ 马克思恩格斯选集（第2卷）[M].北京：人民出版社，1972：635.
④ 马克思恩格斯选集（第4卷）[M].北京：人民出版社，1972：310.
⑤ ［德］马克思.剩余价值理论（第1册）[M].北京：人民出版社，1975：441.

法……转化为农艺学的科学的运用"[1]，从而使农业生产发生了变革，所以，"一切现代方法，如灌溉、排水、蒸气犁、化学产品等等，都应当广泛地用于农业"[2]。

1.3.2　西方学者关于农地制度与农业生产率关系研究综述

早在 17 世纪，配第就认识到农地问题的极端重要性，认为"土地是财富之母"[3]。配第还强调要重视农地所有权，主张农地所有权要像大地一样稳固，"对土地和房屋的所有权予以切实的保障。……将所有权规定为和土地本身一样是不能移动的东西。因为对于通过劳动而获得的东西如果没有任何保障……轻易地被别人用欺骗手段，或通过串通舞弊抑或施行诡计抢索而去，那就不可能鼓励人们勤勉劳动"[4]。当然，配第所强调的农地所有权，是指农地私有权。

亚当·斯密在《国富论》中分析了在农地所有权与经营权分离状态下的地租理论，他认为地租是"使用土地的代价"，生产粮食的农地地租，支配着其余一切耕地的地租，同时，地租的数量会随土地肥沃程度和交通的便利状况不同而有差别。[5]

穆勒在《政治经济学原理》（上卷）中，用了很大的篇幅对农业问题进行研究。首先，他认为所有制的根本原则是保证一切人能拥有靠他们的劳动生产的和靠他们的节欲积蓄的物品，认为只有当农地的所有者同时又是农地的改良者时，他的所有者身份才是合理的，因为他为改良农地花费了劳动。其次，他对农地私有制下的自耕农、分益佃农和投标佃农三种农地制度形式进行了分析。根据调动农地使用者积极性的程度不同，他推崇自耕农形式的农地制度，并列举了自耕农的许多好处：具有促进劳动积极性的作用；具有锻炼才智的作用；具有促进人们深谋远虑、自我控制的作用；具有对人口的影响作用；

---

① 马克思恩格斯全集（第 25 卷）[M].北京：人民出版社，1974：696.
② 马克思恩格斯选集（第 2 卷）[M].北京：人民出版社，1972：452.
③ ［英］配第.经济著作选集（赋税论）[M].陈冬野，马清槐，周锦如，译，北京：商务印书馆，1981：66.
④ ［英］配第.经济著作选集（政治算术）[M].陈冬野，马清槐，周锦如，译，北京：商务印书馆，1981：29–30.
⑤ ［英］亚当·斯密.国民财富的性质和原因的研究（上卷）[M].郭大力，王亚南，译，北京：商务印书馆，1972：136–251.

等等。分益佃农的收益与地主的收益是按比例分配的，穆勒认为这种制度也能调动佃农的积极性，但不如自耕农。投标佃农制度最差，因为地租是由竞争决定的，往往地租很高，佃农生活很苦，主张改投标佃农为自耕农。①

马歇尔对农地制度问题也做了研究。在《经济学原理》（上卷）中，马歇尔认为投在耕地上的资本和劳动存在报酬递减的倾向，其投入数量由边际报酬决定，当边际报酬为零时，应不再增加资本和劳动的投入。② 在《经济学原理》（下卷）中，他进一步分析了农地制度问题。第一，他强调农地所有制的重要性，认为小土地所有者不用担心自己的劳动果实被他人分走，也不受地主的干扰，特别能勤俭持家，所以小土地所有者具有吸引力。第二，农地的数量是固定的，但是肥沃程度是可以改变的，地租是改良土地的总收入超过报酬他每年所投资本与劳动所需要的数额的余额。第三，对英国的租制、美国的"分成制"及欧洲"分益农制"等农地制度做了对比分析。美国在那时约 3/4 的土地由所有者自己耕种，分成出租的农地比例很小。欧洲的分益制有许多优点，可以使本身没有资本的人能使用地主的资本，农地使用者有责任心。他特别指出，这种制度具有合作制、分红制和计件工资制这三种现代制度的优点，但由于面积小，导致佃户很穷。对英国的租制，他认为有两个优点，一是地主省事，他只要对农地、农地上的建筑物和永久的设备关心就可以了；二是可以选择有能力的佃户来租地。第四，主张规模化经营，办大农场，以利于现代农业技术的应用。提倡农场应当在现有租佃条件所允许的范围内尽量扩大，以便有机会来使用极其专门的机器，和施展农场主的才能。③

20 世纪以来西方学者对农地制度的研究更为系统和深入。

（1）农地制度对农业发展的重要性研究

农地制度经历了漫长的变迁过程，历史的足迹表明了其重要价值。特定的农业生产力总是同特定的农业生产方式相适应，从而对应着特定的农业生

① ［英］约翰·穆勒.政治经济学原理（上卷）[M].赵荣潜，桑炳彦，朱泱，等译，北京：商务印书馆，1991：256–379.

② ［英］马歇尔.经济学原理（上卷）[M].朱志泰，译，北京：商务印书馆，1964：162–191.

③ ［英］马歇尔.经济学原理（下卷）[M].陈良璧，译，北京：商务印书馆，1965：296–315.

产关系，进而形成与之相对应的农业生产率。在农地制度中，最重要的是农地产权制度，联合国于1951年发表的《土地改革：不适应的农地结构对经济发展的阻碍》报告中表示，农地产权制度安排是关系到国计民生的重要问题，因此必须给予足够的重视。农地所有者自耕形式的制度安排有着前所未有的优势，与其他制度相比，它能实现资源更有效的配置，从而带来国民经济更快的增长。

舒尔茨在其代表作《改造传统农业》一书中，曾指出在两种农地制度下会形成向农业投资的障碍，一是大地主政治上拥有强大权力的地方，即封建农地制度下；二是"在意识形态上要求消灭土地和其他（物质）生产资料的私有制的地方，农民变成了严格意义上的农业工人，他们的经营技能也就失去了"。[①] 马尔科姆·吉利斯等（1989）在《发展经济学》一书中认为，土地所有制的形式决定了农户是否有提高农业产量的动力，也就是说农业生产率在很大程度上取决于农地所有制。速水佑次郎和弗农·拉坦（2000）在《农业发展的国际分析》一书中，假设耕地经营规模相同，则自耕形式的农户农业生产率最高；分成租佃的农户生产率最低；部分自耕和部分租佃形式的农户生产率处于中间水平。

（2）农地产权与农业生产率研究

荷兰学者何·皮特（2008）对中国的农地产权制度进行了分析，他认为中国从20世纪80年代起到21世纪初的20年时间里，经济以惊人的速度增长，这就否定了农地产权私有化的必要性，实践证明农地集体所有制结构具备一定的合理性。

农业的全要素生产率（TFP）是人们关注的一个重点，全要素生产率的来源包括技术进步、组织创新、专业化和管理等方面的制度创新。Jorgenson & Gollop（1987）将二战后出现的美国农业与私人非农经济部门进行了比较，发现农地制度创新能够将农业中的经济因素激发出来，从而实现全要素生产率

---

① [美]西奥多·W.舒尔茨.改造传统农业[M].梁小民，译，北京：商务印书馆，1987：147，24–19.

的增长。中国农业 TFP 问题也引起了国外学者的关注，McMillan et al.（1989）的研究结果表明，1978—1984 年中国农业 TFP 增长的 78% 源于农业家庭联产承包责任制的制度变迁，即农地产权制度变迁激励机制的作用是影响全要素生产率增长的最主要因素。G. J. Wen（1993）以 1979—1984 年的数据资料作为研究基础，发现中国农业 TFP 已经获得大约 56% 的增长率。

（3）农业生产率测算研究

经济学家对农业生产率测算方法的研究，从 20 世纪起大多关注农业全要素生产率这一方法。Grilliches（1957）& Alston（1998）认为，农业全要素生产率的提高能极大范围地提高农业产量，这是美国农业产出增长所表现出来的重要特征。Hayami & Rutta（1970）注意到农业技术进步在农业生产率提高中起着重要作用。Rosegrant & Evenson（1992）的研究发现，农业生产率的增长和农业的发展，都离不开农业科技进步。Heshmati & Mulugeta（1996）对非洲国家农业 TFP 等相关问题进行了分析。Kalirajan et al.（1996）的研究认为，20 世纪 80 年代中后期，农业技术效率的改善对农业全要素生产率的提高显得更为重要。中国农业 TFP 问题也引起了国外学者的关注，Lambert & Parker（2010）在对中国农业 TFP 增长的研究中，发现在农村改革的不同时期、不同区域的农业全要素增长存在着差异。Adam Zhuo Chen et al.（2003）应用随机边界分析方法测算了 1995—1999 年中国农户农业生产非技术效率情况，并对农业技术效率的影响因素进行了研究。

（4）农地规模经营与农业生产率关系的研究

一种观点认为小规模经营更有效率。在对俄罗斯农业的考察中，人们首先发现了农地的经营规模与农地的生产率呈反向关系，这一发现对长期形成的农业生产存在规模经济性的传统观念形成了挑战。美国经济学家森（A. Sen，1962）、Bardhan（1973）等在对印度农业的观察中，也发现了农地经营规模与农业生产率的反向关系，贝利和克莱恩（R. Berry & W. Cline，1979）指出，一个普遍的结论是，在大农场农地利用相当不充分，而在小农场上劳动则过于拥挤。认为大农场没有效率，小规模经营有效率的还有卡特（Carter，1984）、海尔茨堡（Heltberg，1998）、纽厄尔等（Newell et al.，1997）、里尔顿等（Reardon et al.，1996）。卡特应用在印度的农业生产调查数据，海尔茨堡应用在巴基斯坦的农业生产调查数据，纽厄尔等应用印度古吉拉特区域农业生产的调查数据，里尔顿等应用卢旺达的农业生产数据，对农地规模经营与农业生产率的关系通过建立计量模型进行测算，都得出了农地经营规模与农业生产率存在反向关系的结论。

另一种观点认为，大农场比小农场更有效率。有的研究者对规模经营与效率呈反向关系的观点持怀疑态度，并提出两者之间应该是呈正向关系。普罗斯特曼等（1996）通过实证研究，发现在发展中国家里农业经营规模与农业生产率呈正向关系，在中国，他们应用对江苏省吴县进行调查所取得的数据，研究得出对水稻生产来说，规模经营大户的单产高出同村农户平均产量的 8%，小麦的产量高出平均产量 3%。

还有一些研究认为，农地经营规模与农业生产率的关系可能是非线性的；另一些研究得出，全要素生产率与农地面积无显著关系。

1.3.3　国内关于农地制度与农业生产率关系研究综述

（1）农地制度变迁研究

第一，对我国农地制度变迁历史进程的总体研究。陈吉元等（1993）的《中国农村社会经济变迁（1949—1989）》、钱忠好（1999）的《中国农村农地制度变迁和创新研究》、唐忠（1999）的《农村农地制度比较研究》、温铁军（2000）的《中国农村基本经济制度研究》，还有叶剑平等（2000）、毛育刚（2001）、杨德才（2002）、杨一介（2003）、冯开文（2003）、徐汉明（2004）等在他们的著作中，从总体上考察了我国农地产权制度变迁的历史进程，对农地制度变迁的绩效、存在问题、产权界定与保护、制度变迁的类型、原因等诸多命题进行了深入探讨。

第二，对我国农地制度变迁，特别是家庭承包制实行以来制度变迁阶段划分的研究。张红宇（2002）对我国从 1949 年到 2000 年农地制度变迁的阶段进行了划分，并对各个阶段的研究文献进行了系统的梳理。杨瑞龙（1998）针对中间扩散型制度变迁方式开展了有关理论假说的研究，并对我国的制度变迁进行了阶段性划分。

第三，对土地改革、合作化、人民公社农地制度的专题研究。张永泉、赵泉钧（1985），赵效民（1990）和郭德宏（1993）从不同角度论述了土地改革的历史进程，以自己独特的视角对认为有价值的问题进行了论述。姚晓晖（2002）针对新中国成立初期的农民土地问题开展了自己的研究，他表示党的农村政策是中国经济发展的必然选择，在进行中国现代化初妙阶段的道路上更是应该如此。黄宗智（1992）在《长江三角洲小农家庭与乡村发展》中将自己对集体化时期的研究成果呈现在世人的视角之中。张乐天（2012）的《告别理想——人民公社制度研究》一书，不仅将经济方面的问题进行了分析，还展开了对制度的解剖，实现了内容上和形式上的转变。罗平汉（2003）的《农村人民公社史》阐述了人民公社自1958年建立至1984年全国撤社建乡的全过程。尹钦（2002）认为，1958年以后中国农业的危机和长期低效应该从合作制度去寻找原因。辛逸（2002）总结了人民公社所有制的变迁与特征。刘娅（2003）将人民公社制度的兴衰作为自己的研究重点。

第四，农地制度形成的影响因素及新制度对农民行为的影响。张进选（2003）通过自己对国家、政治、意识形态和社会科学知识的充分研究，发现了在中国农业制度变迁中存在的重要因素，并分析了对农业制度的影响程度。周其仁、刘守英等（1988）通过贵州省湄潭农地制度改革试验区的案例分析，透视了新的农地制度安排的内在矛盾对农户经济行为的影响，以及新的制度需求与供给的不均衡。

第五，农地制度变迁的方式和农地制度安排的类型。林毅夫（1991）在研究制度变迁时，将农地制度变迁的方式划分为诱致性和强制性两种方式。姚洋（1998，2000）在论文中以中国农地制度作为自己的研究重点，提出了对农地安排的六种类型的划分。

第六，农地制度变迁原因的研究。黄少安（1999）分析了关于不同利益主体在进行角色和利益结构的转变时所发生的一系列变化，将这种在制度上变迁的动力转移到实际的操作之中，实现了利益主体在制度变迁中的角色转换，从而更有力地解释了关于中国制度变迁历程的关键原因。温铁军（2000）等认为，我国农村的制度安排，都不过是国家制度变迁和资源环境制约的结果，土地改革、合作化、人民公社化及家庭承包责任制的实施，都与当时的制度要求和我国的资源环境相关。姚洋等（2002）认为农地制度的变迁是国家、农户以及村干部等利益主体博弈的结果，主张从利益主体入手对农地制度变迁进行研究。曲福田等（1997）认为，农村土地制度变迁是为了获得旧体制下无法获得的利益，提高土地的利用效率。邓大才等（2001）认为，农地制度变迁是公平与效率的博弈过程，应从效率与公平的关系入手对农地制度变迁进行研究。

第七，中国农地所有制变革的方向研究。一种观点认为，农地制度改革的方向是国家所有制。文迪波（1987）认为中国农地集体所有制从来就没有真正存在过，社会主义的实践就是要还农地国家所有制的本质。陆学艺（2001）主张把农地集体所有权收归国家，对农民实行永佃制。另一种观点认为，农地制度改革方向应该是坚持和完善集体所有制。张术环（2005）强调，农地制度改革坚持和完善集体所有制具有重要意义。吕爱华、胡敏华（2009）主张实行农地集体所有制下的永佃制。还有一种观点，主张农地私有化。杨小凯（2002）认为，农地所有权的私有化对中国内地的改革和经济发展意义重大，实现农地私有化以后，可为解决农地矛盾、实现规模经营、解决行政性农地调整和农转非等所引起的一系列问题提供出路。最后一种观点主张，中国农地制度改革方案可以是复合式的。钱忠好认为："我国农地的最佳所有制方式是复合所有制，即农村土地社会（国家）占有基础上的农民（农户）个人所有制。"[1]

（2）农地产权制度与农业生产率关系的研究

①农地产权制度与农业生产率的关系

郭熙保认为："土地制度的变革与农业发展存在着比较密切的关系。"[2] 张荣（2001）认为农地产权是影响农业生产率的重要因素。张五常在其博士论文《佃农理论》中，将不同土地租佃形式下资源配置的效率作为自己的研究

① 钱忠好. 中国农村土地制度变迁和创新研究［M］. 北京：中国农业出版社，1999：63-78.
② 郭熙保. 农业发展论［M］. 武汉：武汉大学出版社，1995：290.

重点，得出的结论是，"只要合约安排本身是私人产权的不同表现形式，不同的合约安排并不意味着资源使用的不同效率"[1]。陈志刚、曲福田（2003）等从具体产权权能角度分析了农地产权结构变迁，得出了我国当前的土地制度在其内在规则已经变化的情况下，最大限度地调动了劳动者的积极性，提高了农业生产率。黄少安等（2005）根据制度效应的作用程度对农地产权制度进行了研究，指出了产权的制度绩效可分为间接效应与直接效应，得出了在农地产权制度不同的情况下，农业绩效会因激励程度的不同产生差异。盛济川等（2010）、张亚峨（2016）的计量分析证明，农地产权制度对农业经济增长影响较为明显，特别是改革开放以后家庭承包的农地制度，大大激励了农民的积极性，使得农业经济持续增长。黄少安等（2005）的研究是针对各生产要素开展的，通过研究结果的数据显示，我国在 20 世纪所实行的家庭联产承包责任制度，在很大程度上提高了我国的农业生产率，从而也使农业的生产力和产量达到了前所未有的高度。

②农地的家庭经营制度是最有效率的制度

郭熙保认为，家庭经营是最优的，"经验有力地证明了家庭经营制度能把个人的努力程度与报酬密切结合起来"[2]。林毅夫（2014）认为"从生产队体制向家庭责任制的转变，是 1978—1984 年产出增长的主要源泉"[3]。他引用 1981—1983 年有关家庭责任制扩散的省级资料证明，在其他条件相同的情况下，生产队的队员数量越多、监督越困难的地方，家庭责任制扩散的积极性就越高；种植业相对于畜牧业越重要的地方，劳动管理问题越突出，家庭责任制扩散得越快。[4]曲福田（1991）、林善浪（2000）、满莉（2000）、陈华林（2002）、张永丽和柳建平（2002）、杨德才（2002）等对我国家庭承包经营制度的优越性做了多角度的分析，认为家庭经营激活了农村沉睡多年的生产力，最大限度地激发出农民的干劲，消除了"搭便车"现象，对农户的收益有足

---

① 张五常.佃农理论［M］.北京：商务印书馆，2000：2-3.
② 郭熙保.农业发展论［M］.武汉：武汉大学出版社，1995：304.
③ 林毅夫.制度、技术与中国农业发展［M］上海：上海人民出版社，2014：65.
④ 林毅夫.再论制度、技术与中国农业发展［M］北京：北京大学出版社，2000：73.

够的保证等，因而有效率。1996 年以后，人们关注的焦点开始转向怎样使家庭经营制度更完善，进一步提高效率。张荣（2001）认为应该进一步明确农地主体的产权关系。国风（2003）、徐汉明（2004）建议要降低税负，降低农业生产成本。

（3）规模经营与农业生产率关系的研究

①农业规模经营的含义

对农业规模经营的看法，学术界观点不一：周诚（1989）认为，规模经营"就是'适当扩大过小的经营规模'的意思"。[①] 何宏莲（2012）认为，规模经营的最终目的是获得理想的经济效果，途径是依据社会当时的客观经济条件和技术水平，将农地等生产要素适当集中。李国祥（2016）认为农业规模经营是针对农业生产经营主体而言的，是特定农业生产经营组织对其可利用或可动用的农业资源及其生产要素的优化配置，是农业生产力的组织方式。黎均湛（1998）则认为，规模经营可以从投入规模和产出规模两个方面来定义。从投入规模的角度看，就是指农地集中规模、资金投入规模和劳动力投入规模。从产出角度看，则用产量规模大小、收入规模多少和利润高低等来衡量。不管从哪个角度来衡量经营规模，其最终目的是要获得一定的经济效益。

②农地规模经营是否有效率

农业生产中，农地规模经营是否有效率一直存在着争论，意见无法统一。

一种观点认为农地规模经营缺乏效率，小农户比大农户更有效率。任治君（1995）认为，本来规模经营会使单位产品成本下降，从而带来经济效益的改善并增加农民的收入，但是，由于我国的特殊情况，粮食生产持续稳定的增长，才能保证我国食品的安全，因而也是我国农业政策的首要目标。而现实是，规模经营与增产目标相悖，因此从实现首要目标看，农地规模经营是缺乏效率的。万广华等（1996）认为在我国农地细碎化的条件下，"不但降低了我国农作物生产中的规模经济效应，而且严重地影响粮食产量。……我国谷物生

---

① 周诚.农业规模经营问题断想［J］.中国农村经济，1989（4）：27-28.

产中几乎不存在规模经济效应"。[①] 罗必良（2000）在分析了影响经济组织规模效率因素的基础上，认为农业在本质上并不是一个有显著规模效率的产业。卫新等（2003）、高梦滔和张颖（2006）、李谷成等（2010）、王建军等（2012）、夏永祥（2002）等，通过建立一定的模型，构建生产函数研究农地经营规模与农业生产率之间的关系，均证明农业生产率与耕地规模是负相关关系。

另一种观点认为规模经营有效率。郭熙保认为规模经营有效率，因为就对生产者的刺激而言，小农场比大农场对生产者更有刺激是正确的，但"就规模经济而言，我们倾向后一种观点，即大规模经营更有效率"[②]。张光辉（1996）应用发达国家农业生产的历史纵向数据进行对比分析，得出的结论是农地经营面积增加，则农产品的单位面积产量也随之增加，并认为这是一般规律。梅建明（2002）通过实际案例的研究，也得出了以上相同的结论，认为在分散经营的条件下，小规模生产的产量低，而大规模生产的产量要高于小规模生产。宋伟等（2007）对农业生产率和土地经营规模之间的关系也持正向的看法。何宏莲等（2011）根据黑龙江省农地经营的情况测算，认为扩大农地经营规模是提高种粮农户收入、实现农业可持续发展的有效途径。谢冬水（2011）认为，要看到发达国家推进农地的规模经营获得了巨大的经济效应，我国应积极推进农地集中和规模经营。

除了以上的观点之外，还有一种观点，即认为农地经营规模与农业生产率的关系不一定是线性，也可能是非线性的。邵晓梅（2004）应用在山东省的一组跟踪观察资料，胡初枝、黄贤金（2007）应用在江苏省所获取的农业调查数据，通过建立模型，对不同规模段的农地经营成果进行计算，认为在农业生产的技术水平没有发生变化的情况下，农业生产率与农地经营规模呈倒"U"形。胡初枝、黄贤金甚至还计算出农地经营规模的最佳点是 14.17 亩，邵晓梅则计算出农地经营规模在 1.95 亩到 4.05 亩之间或大于 10.05 亩时农业生产率最好。张忠根等（2001）、陈欣欣等（2000）的研究也得出了类似的结论。

---

① 万广华, 程恩江. 规模经济、土地细碎化与我国的粮食生产［J］. 中国农村观察, 1996（3）: 31—36, 64.

② 郭熙保. 农业发展论［M］. 武汉：武汉大学出版社, 1995: 289.

郑少峰（1998）则对上述实证分析研究得出的结论从理论上进行了论证。

③农地制度改革的基本目标是实行适度规模经营

陈福春等（1994）认为，所谓农地适度规模经营，是指单个农业劳动力（或单个农户）所经营的农地面积，在专业从事农业生产的前提下，其收入要达到或略高于当地社会的平均收入水平，且农业生产率也要高于当地的平均生产率水平的经营规模。从根本上说，农地适度经营规模既不能脱离当时的经济发展水平所能提供的物质技术装备能力，也不能脱离农业生产经营者自身的素质能力和管理水平。杨素群（1998）也认为，"适度规模"一词实际包含两部分，一为规模，二为适度。规模有大有小，有人赞誉"小的是美好的"，有人主张越大越好。其实，适度规模经营的判断标准是产出效益，产出效益最好就是适度；产出效益下降了，不管是经营规模扩大了，还是规模缩小了，都不是适度。

梅建明（2002）的研究认为，无论是国际经验还是国内经验，实行规模经营是实现农业现代化的必然要求，卫新等（2003）的研究也认为，经营规模是否适度，是能否取得好的经济效益的关键，特别是对农村的经营大户来说，一定要注意"度"的把握。

④农地适度规模经营的主体应以家庭经营为主

许多学者都非常明确地提出农业经营应主要采取家庭形式。曾福生等（2010）认为，适度规模经营的主体可以是家庭、企业和农村经济组织等多种多样，但是，根据农业生产的特点看，农地适度规模经营应该以家庭为主要主体。郭熙保（2014，2015）也认为新型农业经营主体包括专业大户、家庭农场、农民合作社、农业企业，但主要的形式应该是家庭农场，他认为最有激励的形式是最有效率的，而家庭农场的形式，经营成果与经济利益联系最为直接，因而是最能激励经营者积极性的形式，也是实现农地资源最有效的配置形式。陈锡文（2014）曾鲜明地强调，不看好企业大规模发展农业，认为家庭农场很重要，家庭是农业经营最有效的主体。

1.4 研究思路与方法

1.4.1 研究思路

本书拟运用制度变迁理论、产权理论、规模经营理论、生产率理论等相关原理，采用演绎法、描述统计法、计量经济学模型，研究农地制度变革、农地规模经营与农业生产率的关系。

首先，阐述研究的问题、目的、意义、研究的思路和方法等，并对国内外关于制度变迁、农地规模经营与农业生产率关系的研究成果进行概述。

其次，对有关概念进行界定，并对与农地制度变迁、农业生产率关系的相关理论进行分析、梳理，主要介绍生产率理论、制度变迁理论、产权理论、规模经济理论。

再次，根据相关理论，从我国农地制度的历史演进及农业全要素生产率的变化，说明生产率受农地制度的影响；运用面板门槛模型，分析在家庭承包责任制下农地制度变化和农地规模经营与农业生产率的关系；对亚洲有关国家制度变迁过程中对农业生产率影响的历史经验进行总结。对我国1949年以来农地制度变迁与农业生产率的关系进行评述，寻找农地产权结构的理想模式；同时，采用异质性的面板随机边界模型测算全国的农业全要素生产率，以此来衡量农业生产率的变化状况，从而得出农地制度变迁对农业生产率的影响程度。运用面板门槛模型，分析在家庭承包责任制下农地规模经营与农业生产率的关系。

最后，根据制度变迁与农业生产率关系、规模经营与农业生产率关系所得出的结论，提出对农地产权结构、规模经营等方面改革的政策建议，并提出进一步研究的方向。本书研究的技术路线如图1.1所示。

```
┌─────────────────────────────┐
│ 总体设计：结合研究背景提出目的 │
│ 与意义，对国内外文献回顾，发现 │
│ 存在的不足，并提出总体研究方案 │
└─────────────────────────────┘
                │
                ▼
┌──────────────┐      ┌──────────────────────────────────────────┐
│              │─────▶│ 相关概念界定：农地制度、农地规模经营、农业生 │
│  理论基础分析  │      │ 产率                                       │
│              │      └──────────────────────────────────────────┘
│              │      ┌──────────────────────────────────────────┐
│              │─────▶│ 理论依据：生产率理论、制度变迁理论、产权理论、 │
└──────────────┘      │ 规模经济理论                               │
                │     └──────────────────────────────────────────┘
                ▼
┌──────────────┐
│ 1949 年以来农业生产 │
│ 统计数据收集   │
└──────────────┘
                │
                ▼
┌──────────────┐      ┌──────────────────────────────────────────┐
│ 农地制度变迁与中国 │─▶│ 我国农地制度的历史变迁                      │
│ 农业生产率研究  │   └──────────────────────────────────────────┘
│              │      ┌──────────────────────────────────────────┐
│              │─────▶│ 异质性的面板随机边界模型测算全国农业生产率    │
│              │      └──────────────────────────────────────────┘
│              │      ┌──────────────────────────────────────────┐
│              │─────▶│ 分析农地制度变迁与农业生产率的关系           │
└──────────────┘      └──────────────────────────────────────────┘
                │
                ▼
┌──────────────┐      ┌──────────┐   ┌──────────────────────────┐
│              │      │ 农地制度、 │   │ 通过理论分析、描述性统计分 │
│              │─────▶│ 农地规模  │──▶│ 析、面板门槛模型分析农地制 │
│              │      │ 与农业生  │   │ 度、农地规模与农业生产率的 │
│              │      │ 产率总体  │   │ 关系                      │
│ 家庭承包责任制下， │  │ 分析      │   └──────────────────────────┘
│ 农地规模与农业生产 │  └──────────┘
│ 率研究        │      ┌──────────┐   ┌──────────────────────────┐
│              │      │ 分地区农 │   │ 将我国各省（区、市）分成东、 │
│              │─────▶│ 地 制 度、│──▶│ 中、西三个部分，采用面板门 │
│              │      │ 农地规模 │   │ 槛模型分析农地制度、农地规 │
│              │      │ 与农业生 │   │ 模与农业生产率的关系        │
│              │      │ 产率研究 │   └──────────────────────────┘
└──────────────┘      └──────────┘
                │
                ▼
┌──────────────┐      ┌──────────────────────────────────────────┐
│ 国外农地制度变迁对农 │─▶│ 选择韩国、日本、印度等人口密集、土地资源有限 │
│ 业生产率的影响分析 │   │ 的亚洲国家，分析这些国家农地制度变迁对生产率 │
│              │      │ 的影响                                     │
└──────────────┘      └──────────────────────────────────────────┘
                │
                ▼
┌──────────────┐
│ 结论及政策建议 │
└──────────────┘
```

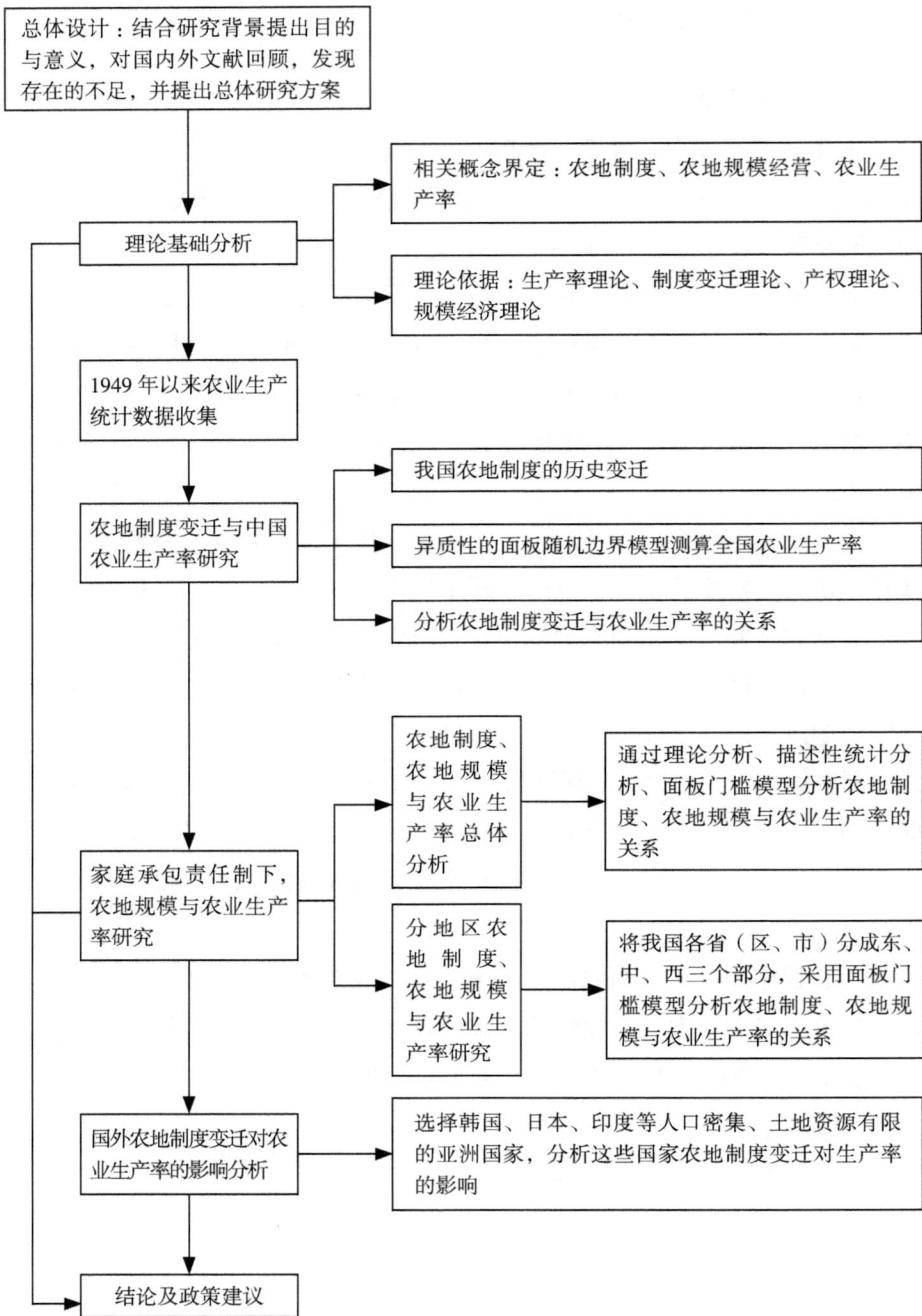

图 1.1　技术路线图

1.4.2　研究方法

由于本书是从制度变迁视角来研究农业生产率与农地制度、规模经营的关系，因此，本书以全国和各省（区、市）的农业产出为研究对象，通过分析不同农地制度下的农业生产率，进一步探索在当前家庭承包责任制下农地制度与农业生产率的关系及农地规模经营与农业生产率的关系。

研究数据包括农林牧渔业总产值、全要素生产率、劳动力投入、土地投入、农业机械总动力和化肥施用量等。本书使用的资料来源于《新中国五十五年统计资料汇编》、中国农业信息网（http：//www.agri.cn）、国家粮食和物资储备局（http：//www.lswz.gov.cn）、各年《中国统计年鉴》、各省"统计年鉴"、国泰安数据库和 Wind 数据库等。

（1）动态分析和静态分析相结合的方法

为了解在当前家庭承包责任制下农地规模经营与农业生产率的关系，需要采用静态分析的方法。中华人民共和国成立以来我国的农地制度经历了几次重大变迁，对农业生产率的影响不断深化，又需要采用动态分析的方法。

（2）定性分析与定量分析相结合的方法

第一，抽象分析方法。通过对国内外学者关于制度变迁理论对农业生产率影响的研究文献的分析论证，结合我国农地制度变迁的实践情况研究，得出自己的结论。

第二，对比分析方法。认真研究亚洲有关国家农地制度变迁与农业生产率变化的过程，分析其形成的条件；认真研究我国农地制度变迁的历史条件、农业生产率变化的轨迹，找出国内外农地制度变迁导致农业生产率变化的相同点和不同点。

第三，计量经济分析方法。本书应用异质性面板随机边界模型测算全要素生产率，用所得结果来衡量农业生产率的高低；在不同的农地制度下测算全要素生产率，从而得出制度变迁对农业生产率的影响程度。

异质性面板随机边界模型的生产函数采用超越对数的生产函数，

L. R. Christensen, D. W. Jorgenson & L. J. Lau（1973）[①]将我国农业生产的异质性面板随机边界模型设定如下：

$$\ln Y_{it} = \alpha_0 + \alpha_1 \ln L_{it} + \alpha_2 \ln M_{it} + \alpha_3 \ln K_{it} + \alpha_4 \ln F_{it} + \alpha_5 t + \frac{1}{2}\alpha_6 t2 + \alpha_7 t \ln L_{it} + \alpha_8 t \ln M_{it} +$$

$$\alpha_9 t \ln K_{it} + \alpha_{10} t \ln F_{it} + \frac{1}{2}\alpha_{11} L2_{it} + \alpha_{12} LM_{it} + \alpha_{13} LK_{it} + \alpha_{14} LF_{it} + \frac{1}{2}\alpha_{15} M2_{it} +$$

$$\alpha_{16} MK_{it} + \alpha_{17} MK_{it} + \frac{1}{2}\alpha_{18} K2_{it} + \alpha_{19} KF_{it} + \frac{1}{2}\alpha_{20} F2_{it} + v_{it} + u_{it} \qquad（1.1）$$

式（1.1）中的 α 为待估参数，Y_{it} 为 i 省第 t 年的农业产出，用各省（区、市）的农业牧渔业总产值代表，单位为亿元。产出变量采用广义的农业产出，这样处理主要是为了确保与农业生产要素的统计口径相一致，因为统计年鉴等相关统计资料中的农业机械总动力、劳动力人数等都是采用全农业口径。为了剔除价格变动因素对实证结果造成的影响，以 1978 年为基期采用 GDP 平减指数对农业牧渔业总产值变量进行调整。

L_{it} 为 i 省第 t 年的劳动力投入，基于数据的可获得性，用第一产业就业人员代表，单位为万人。当市场经济发展到较为完善的情形，劳动力投入变化的情况可以由劳动者工资变量来全面反映，但我国市场经济发展还并未达到这种程度，劳动力市场发展还有待完善，相关的分配机制也不能完全对市场进行调节，因此采用第一产业就业人员代替劳动力投入变量。

M_{it} 为 i 省第 t 年的土地投入，用农作物总播种面积代表，单位为千公顷。主要是因为从 1996 年开始，我国的耕地指标数据并不齐全，存在缺失的情况，国家统计局未对相关指标进行公布；另一方面，我国耕地的弃耕、休耕现象比较严重，所以采用农作物总播种面积变量较为合适。

K_{it} 为 i 省第 t 年的农业机械总动力投入，单位为万千瓦。农业机械的总动力变量，指的是用于农业方面的机械动力，并不包括用于乡镇企业生产、非农业方面的运输和科学研究等与农业生产不相关的机械动力。

F_{it} 为 i 省第 t 年的农业机械总动力，单位为万吨。

① Laurits R. Christensen, Dale W. Jorgenson and Lawrence J. Lau. Transcendental Logarithmic Production Frontiers ［J］. *The Review of Economics and Statistics*, 1973, 55（1）: 28–45.

t 为时间趋势变量，通常用来反映的是技术变化情况。

$t2$ 为时间 t 的平方项，$L2$ 为 $\ln L$ 的平方项，LM 为 $\ln L$ 与 $\ln M$ 的相乘项，LK 为 $\ln L$ 与 $\ln K$ 的相乘项，LF 为 $\ln L$ 与 $\ln F$ 的相乘项，$M2$ 为 $\ln M$ 的平方项，MK 为 $\ln M$ 与 $\ln K$ 的相乘项，MF 为 $\ln M$ 与 $\ln F$ 的相乘项，$K2$ 为 $\ln K$ 的平方项，KF 为 $\ln K$ 与 $\ln F$ 的相乘项，$F2$ 为 $\ln F$ 的平方项。

同时，本书还运用面板门槛回归模型分析农地规模经营与农业生产率的非线性影响关系。

采用面板门槛回归模型分析农地规模经营对农业生产率非线性影响关系，因变量采用农业生产率（TE）；门槛变量为农地规模经营（SM），采用农作物总播种面积（M）/第一产业就业人员（L）进行衡量，单位为千公顷/万人。控制变量包括：①农村城市化（URB），采用城镇人口（UPL）/总人口（TPL）进行衡量；②农村工业化（IND），采用非农总产值（NAG）/GDP 进行衡量；③农村居民家庭人均纯收入（PNI），对该变量取对数处理，记为 $LPNI$；④运输便利度（TRC），采用公路里程（RDM）/土地调查面积（LDA）进行衡量；⑤受灾率（DSR），采用农作物受灾面积（DS）/农作物总播种面积（M）进行衡量；⑥农业种植结构（PLS），采用粮食作物播种面积（GRC）/农作物总播种面积（M）进行衡量；⑦农林水事务支出占比（EPP），采用农林水事务支出（EPA）/公共财政支出（PBE）进行衡量。建立面板门槛模型如下：

$$TE_{it} = \mu_i + \beta_1 SM_{it} \cdot (SM_{it} \leq \gamma_1) + \beta_2 SM_{it} \cdot I(\gamma_1 \prec SM_{it} \leq \gamma_2)$$
$$+ \beta_3 SM_{it} \cdot I(SM_{it} \succ \gamma_2) + \beta_4 URB_{it} + \beta_5 IND_{it} + \beta_6 LPNI_{it} \qquad (1.2)$$
$$+ \beta_7 TRC_{it} + \beta_8 DSR_{it} + \beta_9 PLS_{it} + \beta_{10} EPP_{it} + \beta_{1j} dum\_s_j + \varepsilon_{it}$$

式（1.2）中，γ 为面板门槛模型需要估计的门槛值，β 为模型各解释变量需要估计的系数，μ_i 为各省（区、市）的截距项，ε_{it} 则为误差项，下标 i 代表各地区，t 代表年度。dum_s_j 为农业政策改革时间段虚拟变量（$j=1,\cdots,4$），参考宋洪远（2008）关于我国农业政策改革划分的阶段，dum_s_1 代表农业政策改革的第一阶段 1979—1984 年，dum_s_2 代表农业政策改革的第二阶段 1985—1991 年，dum_s_3 代表农业政策改革的第三阶段 1992—1998 年，dum_s_4 代表农业政策改革的第四阶段 1999—2005 年，处理相应阶段时变量取值为 1，否则取值为 0，也就是说在分析时将 2006 年以来的农业政策改革阶段作为比较对象，其他阶段与该阶段进行比较来分析对农业生产率影响的差异。

1.5 创新之处

与已有的研究成果相比，本书的创新主要表现在以下几个方面：

第一，从制度变迁视角研究农地制度与农业生产率的关系。通过文献检索发现，现有文献在农地制度与农业生产率的关系研究方面，主要集中在家庭承包责任制对农业生产率的促进作用，缺乏从制度变迁的角度对两者的关系进行研究。中华人民共和国成立以来，我国的农地制度经历了从"土地改革"，到"合作化"和"人民公社"，再到"家庭承包责任制"的变化，制度的变迁对农业生产率产生了相当大的影响，本书拟从制度变迁的视角分析农地制度与农业生产率的关系，为农业问题研究提供了一种新的思路。

第二，农业生产率的测算方法新颖。采用异质性面板随机边界模型测算全国农业全要素生产率，所得结果用来衡量农业生产率的高低。通过文献梳理可以发现，以往的研究文献采用了多种方法计算全要素生产率，主要包括随机边界模型分析方法、DEA-Malmquist 分析方法等，但上述研究方法，无法对制度约束造成的农业生产效率的损失进行估算，也没有研究不确定性对农业生产行为的影响，而异质性面板随机边界模型则可以同时对这两项内容进行分析。采用面板门槛回归模型分析农地经营规模与农业生产率的关系，基于实证研究的结果，对不同经济发展水平的区域如何制定农地规模经营政策提供探索性的解答。

第三，提出农地采取有偿承包的设想。实行农地有偿承包，一方面是农地所有者一项应有的权益，从理论上说，所有者得不到任何收益，实际上是对所有权的否认；另一方面，通过有偿承包会使农民更加珍惜农地，这可能是减少农地撂荒的一种途径。

第 2 章
农地制度与农业生产率关系的相关理论

从农地制度变迁视角研究农业生产率，理论来源主要有生产率理论、制度变迁理论、产权理论和规模经济理论。

2.1 有关概念界定

2.1.1 农地制度

农地，指用于农业生产的土地，包括耕地、可用于开垦的荒地、草原、林地、水面等，即用于种植业、林业、牧业和渔业生产的土地。

农地制度有广义和狭义之分。从广义来说，农地制度涉及农用土地所形成的产权，农地经营的方式和手段，农地利用的组织形式，生产中所采用的技术状况以及针对农地所制定的政策和法律法规等构成的制度体系。从狭义来说，可以把农地制度理解为农地产权制度。在农地制度体系中，核心是农地产权关系，根据周诚（1996）的见解，农地产权的内容具体涵盖了三方面，其一属于农地产权关系以及农地产权结构安排，即农地所有权的性质以及权能分离程度；其二属于相关产权主体的权利以及关系；其三属于农地产权保护。

本书研究对农地制度的界定，主要指农地产权结构、农地规模经营和有关农地的政策法律体系三个方面。有关农地的政策法律体系包括较为宽泛的内容，有中央和地方政府所颁发和发出的有关农地产权的基本法律、配套法规及对重要问题的解释等；有中央和地方政府对支持农地规模经营所颁布的各项政策；有中央和地方政府为支持农业发展所制定的农业基础设施建设财政支持政策、价格支持政策、农业科学研究和推广支持政策、农业从业人才培养支持政策、农村产业结构调整支持政策等。

本书在具体使用"农地制度"概念时，有时指狭义的产权制度，有时指包括产权、规模经营和政策法规的界定含义，是前者还是后者的意思，由使用时的语境容易判断出。同时，农地与土地也视为同义词。

2.1.2 农地规模经营

对农地规模经营内涵，学术界通常采取经营学的有关原理进行理论分析求得定义，伍业兵、甘子东（2007）结合规模经济理论，认为农地规模经营主要反映的是农地规模大小对农业生产效益的影响，农地规模经营概念具有相对动态的特征，要明确农地规模经营所表现出的"度"的问题，不然经营面积失去控制极有可能会导致规模不经济。黄延延（2011）采取微观经济学原理，分别从静态和动态角度分析了规模经营问题，认为从静态看，农地的最佳规模是一定的，但是从动态看，由于技术、人力资本等因素的变化，农地的最佳规模又是变化的，因此最佳规模应视具体情况来确定。郑少峰（1998）结合农地规模效益递减运动规律细致地论述了农地规模适度的把握问题，且得出了农地经营规模是否适度主要应结合实际评价目标来看。车维汉（2004）针对经济学意义上的规模经济效益进行了定义，具体内容为在生产规模持续扩张的情况下，采取先进性程度更高以及效率更高的技术，相关生产要素间所进行的优化组合和单位产品成本降低而获取到的利益。张文渊（1999）也认为，农地适度规模经营能够给生产要素优化组合提供帮助，使得农地产出率、劳动生产率和投入产出率得以明显提升，实现当前条件下所能够达到的最大效益。

本书所研究的农地规模经营，主要界定为农地相对集中的程度，即单个生产单位经营农地的数量。农地规模经营要与农业规模经营区分开来，农业规模经营指农地和其他生产要素，包括资本和技术的相对集中经营。当然，两者之间存在着联系，农地规模经营是农业规模经营的构成部分，一般来说，随着农地规模发生变化，资本、技术使用等也可能会发生变化。从我国当前农村生产力的实际情况看，农地规模经营并不意味着农地集中得越多越好，应从农民的管理能力、农业技术水平等现实出发，发展适度规模经营。产出最大、成本最小、收益最好的规模，就是最佳的规模。

要说明的是，与规模经营经常在各种文献中作为同义词使用的另一个概念是经营规模。严格说，规模经营与经营规模是有区别的，经营规模按百度的解释，是指企业的大小，具体按资产、从业人员和营业收入的多少来确定企业的规模大小，所以经营规模是已经形成的规模现状。规模经营，是指改变生产要素过于分散、使生产要素相对集中从而使效率提高的情况。显然，规模经营强调的是生产过程中要素数量变化的过程，而经营规模则指的是已经形成的结果。不过，无论是规模经营还是经营规模，都是为了实现效益的提高，所以在各种文献中将两者作为同义词使用，本书也如此，即将农地经营规模和农地规模经营作为同义词。

2.1.3 农业生产率

农业产出与投入的比率就是农业生产率，其作用是将投入生产过程中的要素对经济增长的影响进行量化分析。农业生产率指标就是对农业的投入转化成产出的效率进行测算，在此过程中需要结合实际测算目的采取相应的测算办法。通常而言，对生产率进行测算具体包含下列类型：对一种投入要素与产出关系进行测算的单要素生产率测算；对两种抑或三种投入要素与产出关系进行测算的多要素生产率测算；对所有投入要素与产出关系进行测算的全要素生产率测算。每种测算方法均存在相应的优势劣势，对于部分要素生产率方法而言，其优势是简洁明了，劣势是产出被当成相应投入要素的函数，由于要素之间存在相互影响作用且存在动态变化的特点，部分要素生产率无法表现出其他生产要素的作用及各种要素之间的相互影响关系和动态变化。

需要说明的是，农业生产率属于多维综合性概念，它不仅受生产中物质生产因素的影响，还要受到制度、管理及气候等多种因素的影响。因此，对农业生产率的考核，必须要涵盖劳动生产率、成本利润率等。本书研究的农业生产率，重点是农业全要素生产率。但是，由于受数据收集的限制，没有对1978年以前的农业全要素生产率做出测算，而采用农地生产率和劳动力生产率来替代。从1952年到1978年期间，农地投入数量（以耕地面积计算）

1952 年为 1.079 亿公顷，1978 年为 0.994 亿公顷，变化很小；资本投入（以全国财政支持农业生产支出计算）1952 年为 2.69 亿元，1978 年为 76.95 亿元，从数字看变化很大，但放在全国看，平均每公顷耕地的资本投入变化可以忽略不计；劳动投入（以第一产业从业人员计算）1952 年为 1.73 亿人，1978 年为 2.83 亿人，劳动力投入增加了 63.6%。对于劳动投入数量的增加，笔者认为这是一种名义上的增加，而不是实际投入的增加，因为在农地投入数量不变的条件下，劳动数量的增加对农地要素来说是一种剩余，形成三个人的工作量由五个人来完成的局面。同时还要看到，在 1978 年以前，农业生产基本上还是手工劳动、畜力耕作为主，生产基本条件没有发生根本性的变化。在物质要素投入和基本生产条件没有发生大的变化的情况下，农业生产率的变化，就主要应由物质要素投入之外的因素来解释，即主要由农地制度的变迁来解释，正是基于这种思考，第 3 章的人均产值、人均产量、单位面积产值和单位面积产量等的变化，在相当程度上反映了农业生产的全要素生产率的变化。第 5 章则从规模经营这一制度侧面反映其对全要素生产率的影响。

农业生产率不管用哪种形式的指标衡量，其目标都是分析不同要素对农业生产率的影响程度，寻找提高农业生产率的途径，达到农业生产率不断提高的要求。

2.2 生产率理论

2.2.1 生产率的含义

衡量和测度生产过程中各种要素的贡献，一直是经济学界关注的问题，生产率就是这种测度的重要指标。从最一般的意义上说，生产率是投入与产出的比率关系，指每单位投入的产出量。对生产率的研究，随着对经济核算要求的发展，其内涵也在不断丰富，从单要素生产率到全要素生产率（Total Factor Productivity，TFP），而且测算方法也是多种多样。

早在 18 世纪，斯密就从劳动是一国财富源泉的理论出发，把劳动分工看成是劳动生产率提高的根本途径，他在《国富论》中指出，"劳动生产力上最大的增进，以及运用劳动时所表现的更大的熟练、技巧和判断力，似乎都是分工的结果"。分工之所以能提高劳动生产率，是因为分工使劳动者操作专门化，能提高操作熟练程度；操作的专门化能节省转换工作的时间；操作的专门化容易激发出发明创造，不断改进工具和技术。斯密还认为，分工对一个企业能起到提高劳动生产率的作用，整个社会的分工也同样能起到提高劳动生产率的作用，"各种行业之所以各个分立，似乎也是由于分工有这种好处。一个国家的产业与劳动生产力的增进程度如果是极高的，则其各种行业的分工一般也都达到极高的程度"①。

马克思对生产率问题进行了较为仔细的研究，他在分析商品生产所需要的劳动时间时，指出生产单个商品所需要的劳动时间，因劳动生产率的不同而变动，而"劳动生产力是由多种情况决定的，其中包括：工人的平均熟练程度，科学的发展水平和它在工艺上应用的程度，生产过程的社会结合，生产资料的规模和效能，以及自然条件"②。很明显，马克思在这里所讲的劳动生产率与单纯意义上的劳动生产率是不同的，单纯意义上的劳动生产率仅反映劳动这一要素对产出的影响程度，用劳动者在一定时间内创造的成果（产量、产值等）与劳动消耗（小时、人等）的比值来表示。但是，马克思在这里所讲的劳动生产率，在劳动这一要素之外，还包括了科学技术发展水平、生产的工艺水平、生产过程的社会结合情况、生产规模的效率和自然条件等，也就是说，这里的劳动生产率反映的是所有投入生产过程中的要素对生产成果的影响。

总体上说，在第二次世界大战之前，生产率主要是用劳动生产率测度，具体计算上则是以单位劳动的产出量来计算生产率，这种计算方法无疑是较为片面的。1942 年，首届诺贝尔经济学奖获得者丁伯根第一次提出了"全要素生产率"。但是，他在此概念的定义中也仅仅只将人力及物力方面所投入的生产资料纳入考量，并没有将研发、培训及教育方面的费用及资源投入也算在全要素生产率之内。美国经济学家肯德里克 1951 年在美国收入与财富研究

---

① ［英］亚当·斯密. 国民财富的性质和原因的研究（上卷）（第 1 版）［M］. 郭大力，王亚南，译. 北京：商务印书馆，1972：5-7.

② 马克思恩格斯全集（第 23 卷）［M］. 北京：人民出版社，1972：53.

会上提出，先前一直沿用的全要素生产率计算方法具有片面性，很多关键性因素都没有计算在内，因而不能叫作真正的"全要素"。综上所述，全要素生产率本质上就是实现的产出量与所有全方位投入的成本的比值。知名经济学家希朗·戴维斯也在较长时间内致力于对全要素生产率进行深入研究探讨，并在其1954年出版的《生产率核算》一书中，首次较为准确而全面地归纳了在计算全要素生产率时所需要考虑到的因素，具体包括劳动力、资本、材料、能源等直接投入及研发、教育等间接投入。之后法布里坎在希朗·戴维斯的研究基础上，结合工业生产领域发展的最新趋势，对全要素生产理论进行了充实，引入了经验方面的依据。全要素生产率，被定义为扣除了资本、土地、劳动等物质生产要素投入后的生产率，这部分生产率反映了经济增长的质量，主要来自技术进步和效率改善，其中技术进步来源于新技术、新工艺的发明及在生产中的应用，效率改善则主要来自体制调整实现的资源配置效率，具体包括组织创新和制度创新引致的技术效率，以及管理能力和生产经验积累实现的规模经济效率。

在计算全要素生产率时，需要首先对作为分析对象的经济系统进行严格明确的界定，然后将事实上全部投入用于生产的要素都综合纳入计算，其结果才能具有全面性，并能够作为有效的决策参考。但"全要素"也并不意味着事无巨细、包罗万象，在现实应用中，用于进行全要素生产率计算的因素也是有各自的权重的，并且只需要根据实际情况选取其中一部分即可。全要素生产率的变化情况则需要用其他类型的变量来描述。事实上虽然一个企业乃至一个行业在实现其产出时，需要投入的要素十分繁杂，但核心要素就是劳动力、固定资产、原材料及生产工艺技术等等这几个方面，而且这些方面也具有相互依存与制约的关系，在实际应用中，很难将某个因素进行单独的剥离，因此全要素生产率的计算是一个十分精细且需要谨慎的过程。在工业生产领域的应用实践中，全要素生产率如果计算得当，是一个对经营管理效率及企业营运能力进行分析考量的十分有效的指标。目前在具体计算全要素生产率时，以"投入—产出"比率为理论基础，以柯布—道格拉斯（Cobb-Douglas）生产函数为计算工具，视具体情况结合不同计量经济学的计算方法和分析模型，来计算出最终的结果。

对 TFP 变动的测度方法又分为参数法及非参数法。前者需要以生产函数及多元统计方法为基础来进行分析计算，后者则对参数法中过于繁杂的一些操作进行了简化，如设立生产函数的具体形式及变量、对随机变量分布做出假设等等。

2.2.2 全要素生产率的测算方法

无论是对行业还是对单个生产单位的生产率的核算，全要素生产率是主要的核算方法。

（1）参数法

1987 年的诺贝尔经济学奖获得者美国经济学家 R. M. 索洛率先提出用参数法对全要素生产率进行计算的方法及模型。在其 1957 年发表的《技术进步与总量生产函数》一文中对学术界沿用已久的经济增长模型进行了更新，首次代入了技术进步的因素，并进一步提出了"技术进步率"的概念，其具体计算方法就是在规模报酬不变及希克斯中性的前提下，在产出增长率中扣减掉要素增长的部分。这个概念也被称为"索洛残差"，后被视为分析经济增长动力的有力工具。具体计算方式如下：

首先采用式（2.1）来定义总产出量：

$$Y_t = A_t F(X_t) \tag{2.1}$$

上式中各个变量的含义分别为，Y_t：系统总产出量；A_t：满足规模报酬不变且希克斯中性前提下的技术变动量；t：时期；$X_t = (x_{1t}, x_{2t}, \cdots, x_{nt})$：投入要素；$x_{nt}$：第 n 种投入要素。

接下来将式（2.1）的等号两侧进行微分再除以式（2.1）后，可得式（2.2）：

$$\frac{\dot{Y}_t}{Y_t} = \frac{\dot{A}_t}{A_t} + \sum_{n=1}^{N} \delta_n \left(\frac{\dot{x}_{nt}}{x_{nt}} \right) \tag{2.2}$$

式中 δ_n 的含义是各要素投入产出的弹性程度。

经过变换，最终得出索洛余值公式：

$$\frac{\dot{A_t}}{A_t} = \frac{\dot{Y_t}}{Y_t} - \sum_{n=1}^{N} \delta_n \left(\frac{\dot{x_{nt}}}{x_{nt}} \right) \tag{2.3}$$

在实际应用中，对索洛余值进行计算时候，采用得最多的是 Cobb-Douglas 生产函数，只将资本（K）和劳动（L）两大要素进行考量，具体如式（2.4）所示：

$$Y_t = A_t K_t^{\alpha} L_t^{\beta} \qquad 0 < \alpha, \beta < 1 \tag{2.4}$$

式中各项的含义为，t：时间；Y_t：产出；K_t：资本投入量；L_t：劳动投入量；A_t：技术进步率；α：资本产出弹性；β：劳动产出弹性。将式（2.4）的等号两边取对数得到式（2.5）：

$$\ln Y_t = \ln A_t + \alpha \ln K_t + \beta \ln L_t \tag{2.5}$$

再将式（2.5）的两边对 t 求全微分得式（2.6）：

$$\frac{dY_t}{Y_t} = \frac{dA_t}{A_t} + \alpha \frac{dK_t}{K_t} + \beta \frac{dL_t}{L_t} \tag{2.6}$$

再做相应变换。得出 TFP 增长速度方程如式（2.7）所示：

$$\frac{dA_t}{A_t} = \frac{dY_t}{Y_t} - \alpha \frac{dK_t}{K_t} - \beta \frac{dL_t}{L_t} \tag{2.7}$$

自从索洛余值的概念和计算方法问世之后，在相当长一段时间内，索洛余值都被视为衡量技术进步的有效度量。但这只有在技术能够得到完全、彻底、充分高效的利用，以及生产系统达到了充分有效的状态才是成立的。而实际中，能够完全实现理想中充分有效状态的企业是不存在的。因此全要素生产率不仅受到技术进步的影响，还受到技术使用及发挥效率因素的影响。

从较长的时间尺度来看，技术进步无疑对生产率的提升有着决定性的作用。但在短期来看，技术效率要受到技术发挥程度的明显影响。20 世纪 70 年代后期，Aigner、Lovell、Schmidt、Meeusen 和 Van Den Broeck 等多位经济学家都对随机前沿生产函数进行了研究，并建立了相应的分析模型。在其模型中将技术失效的状况充分纳入了考量，并将 TFP 的影响因素从 TFP 变化率本身中独立出去，对 TFP 变化的研究计算进一步细化为技术效率和生产可能性边界移动这两个方面，从而更加符合现实情况，并能够较为准确地识别出经济系统产出增长的根源所在。在具体运用上，首先假设一个生产函数，再根据其不同的误差项分布假设，采用不同的方法对其中的参数赋值后进行计算，最终得出 TFP 增长率。在充分考虑到技术非效率因素的前提下，得出的结果与实际情况的契合度更高，能够有效地避免过于理想化而产生的误差。

（2）非参数法

目前在用非参数法计算全要素生产率时，主要采用的是数据包络法（Data Envelopment Analysis，DEA）。该方法是由计量经济学家 A. 查恩斯和 W. W. 库柏基于相对效率概念而探索构建的全新的生产率评价方法。1978 年，第一个 DEA-CCR 模型问世，并迅速得以普及应用，学术界也据此做出了大量的相关理论研究成果。

DEA 模型主要分为规模报酬固定（CCR）和规模报酬可变（BCC）两种类型。CCR 模型的构建思路是，假设 DMU 的数量为 k（$1 \leq k \leq K$），每个 DMU 的投入种类数量为 N，产出种类数量为 M，则 DMU 的输入输出向量可用式（2.8）表示：

$$X_j = (x_{1j}, x_{2j}, \cdots, x_{Nj},)^T > 0, \quad j=1, 2, \cdots, K$$
$$Y_j = (y_{1j}, y_{2j}, \cdots y_{Nj},)^T > 0, \quad j=1, 2, \cdots, K$$

（2.8）

根据 DEA 模型构建原理，再构建线性规划模型如式（2.9）所示：

$$(CCR)\begin{cases} \max z \\ s.t. \sum_{j=1}^{K} \lambda_j X_j \leq X_{j_0} \\ \sum_{j=1}^{K} \lambda_j X_j \leq z Y_{j_0} \\ \lambda_j \geq 0, \quad j=1, 2, \cdots, K \end{cases}$$

（2.9）

λ_j 的含义为 K 个 DMU 的权重组合，$\sum_{j=1}^{K} \lambda_j X_j$ 为在该组合下的虚构 DMU 投入向量，$\sum_{j=1}^{K} \lambda_j Y_j$ 为 DMU 产出向量。X_{j_0} 为所评价的第 j_0 个 DMU 的投入向量，Y_{j_0} 为产出向量。该模型整体可描述为，求得第 K 个 DMU 的某个组合形式，需要满足投入不高于第 j_0 个 DMU 投入的前提下，令产出增加达到最大化。

CCR 模型的应用前提就是规模收益保持固定，而在现实中是几乎不可能达到这一条件的。因此学术界对 CCR 模型做了改良，添加了凸性假设 $\sum_{j=1}^{K} \lambda_j = 1$，即为后来的 BCC 模型，如式（2.10）所示。

$$
(BCC) \begin{cases} \max z \\ s.t. \sum_{j=1}^{K} \lambda_j X_j \leqslant X_{j_0} \\ \sum_{j=1}^{K} \lambda_j X_j \leqslant z Y_{j_0} \\ \lambda_j \geqslant 0, \ j=1, \ 2, \ \cdots, \ K \end{cases} \tag{2.10}
$$

从 DEA 模型的构建中可以得出被观察对象的技术效率及规模效率。目前在管理科学、系统工程、决策分析及技术评价领域，DEA 模型都得到了广泛的应用并取得了良好的效果。基于 DEA 模型的非参数 Malmquist 生产率指数法通过线性优化来估算每个决策单元的边界生产函数，测度出效率变化与技术进步的对应关系。

2.2.3 全要素生产率出现差异的原因

全要素生产率的差异对各国经济发展产生着重要影响，因此对影响全要素生产率产生差异的原因，经济学家也十分关注。归纳说，使全要素生产率产生差异的原因主要有两个方面。

（1）供给方面的原因

第一，劳动者的素质。一种观点认为，劳动者素质对全要素生产率的影响极为重大。20 世纪 60 年代由美国经济学家舒尔茨和贝克尔创立的人力资本理论，就特别强调劳动者的素质的重要性，即认为人力资源是一切资源中最主要的资源，它表现在蕴含于个人的各种生产知识、劳动与管理技能和健康素质的存量总和。卢卡斯（1988）通过建立人力资本模型，得出劳动者素质是影响全要素生产率的最关键因素。他认为，在物质资本和人力资本两大资本投入中，投入生产中的物质要素即物质资本，如土地、劳动、资本等生产要素投入会产生边际报酬递减，使经济难以持续增长，而人力资本不同，随着劳动者素质的提高，即人的知识水平、技术能力的不断提高和增强，能推动经济的持续增长。同时，他还认为，人力资本是一种正的外部性，一个人通过学习获得的技能，会对周围的人产生溢出效应，使周围人的技术也得到提高，同时周围劳动者的素质也会跟着提高。

第二，生产的技术水平。有的学者认为，生产的技术水平对全要素生产率有重要影响。马克思曾经说过，生产力中包括科学水平和生产的工艺水平，投入生产过程中的所有生产要素要发挥出有效作用，都离不开科学技术的渗透，人的技术水平提高了，生产的工艺水平提高了，机器、工具、原材料等的技术含量增加了，生产率一定提高。罗默（1986）提出了知识溢出模型，强调生产的技术水平、知识等与其他的商品不同，认为它具有非竞争性，在使用过程中具有溢出性，知识共享使社会生产率提高。

第三，国际技术溢出的作用。生产的技术水平在一国内存在着溢出共享，同样，在国与国之间也存在着溢出共享。第二次世界大战之后，经济国际化的趋势不断加强，生产技术在国与国之间的传播也呈加强的趋势。麦克道格（1960）提出技术溢出理论，认为这是伴随外商直接投资出现的一个重要现象。国际技术溢出，对发展中国家生产率的提高有重要意义。

第四，物质资本投资的作用。有的学者认为，全要素生产率的提高，是物质资本投入的结果。阿罗（1962）强调了物质资本投入对全要素生产率的作用，他认为新投资具有干中学的功能，在投资过程中企业可以通过生产积累经验，这种经验也会产生溢出效应，使其他企业受益，社会生产率因此而提高。

（2）需求方面的原因

全要素生产率不仅要受供给方面原因的影响，同时也要受到需求方面的影响。

首先，市场需求扩大促进生产率的提高。最简单的例子是，一辆公共汽车只有一个人乘坐时，效率低下，坐满一车人效率就不一样了，因为市场扩大会产生规模效应。Acemoglu、Linn（2004）以医药为例，说明市场扩大还能起到产品创新的作用。其次，市场规模扩大，竞争加剧，使技术水平低、效率差的企业被淘汰，整个行业的生产率随之提高。再次，市场规模扩大推动企业规模扩大，大企业可以投入更多的研发费用，提高科研和技术的水平，使得产品技术含量升级，生产率提高。

经济运行中的生产率，既不可能是单纯供给方面的原因，也不可能是单纯需求方面的原因导致全要素生产率产生差异，应该是两者同时作用的结果。除了供给和需求方面的原因，正如本书所分析的，制度对生产率也是一个重要影响因素，导致生产率出现差异。

2.3 制度变迁理论

2.3.1 制度变迁与经济增长

（1）制度和制度变迁概念

对于制度，人们从不同的角度（政治学、社会学、哲学等）曾经有许多研究。马克思曾经说过，"制度只不过是个人之间迄今所存在的交往的产物"[①]。

中国传统意义上的"制度"始于《周易·节》，在其中描述为"天地节而四时成；节以制度，不伤财，不害民。""君子以制数度，议德行。" 原意主要就是表示特定的礼数法度，古代一般称为"规矩"。依照《辞海》中对于"制度"所进行的解释能够得知，其首要含义即为"全部成员均需遵守，依照特定程序办事的规程"。

从经济学角度赋予制度含义的是经济学中的制度学派。制度经济学的先驱、旧制度经济学派的代表人物凡勃伦（1899），把制度与人们所共有的思维习惯看作是一致的，认为制度是"人所共有的现存的思维习惯"，它包括"惯例、习俗、行为规范、权利和财产的原则"，[②] 不过，凡勃伦把制度看成是技术进步的阻力，强调技术是推动社会进步的关键因素。

新制度经济学的代表人物道格拉斯·诺思对制度做了细致的分析，认为制度是人们行为的规范准则，是人们在社会博弈过程中形成的规则，是由人们设计用以塑造相互之间关系的规范，人们设计出来的行为规则有正式规则、非正式规则。"制度是人为设计的形成人类相互作用的约束。制度是由正式约

---

① 马克思恩格斯选集（第 1 卷）[M].北京：人民出版社，1972：78.

② ［美］凡勃伦.有闲阶级论［M］.蔡受百，译，北京：商务印书馆，1964：139-140.

束（规则、法律、宪法等）、非正式约束（行为规范、习俗和自我施压的行为准则等）及其实施特性所构成。它们共同定义了社会，尤其是经济的激励结构。"①

参考诺思对制度的定义，制度可以理解为是一个社会中具备的博弈规则，而立足于更为规范的层面来看，制度属于人这一主体构建出来约束人们行为的一套准则，它决定着人们可做什么，不可以做什么。这套行为准则包括正式的和非正式的，一般具有强制性。

制度变迁指的是新制度结构以及新制度的出现，对于原有的制度结构以及制度进行革新与升级，使得制度的效率得到提升的基本发展过程。凡勃伦（1904，1921）认为，在一定的制度下，总有一部分人是现存制度的利益在位者，而另一部分人是现存制度利益的缺失者。制度变迁就是当外部环境，即经济社会条件发生了变化时，人们对经济、社会条件变化做出反应的过程，也即环境改变的过程。在凡勃伦看来，制度变迁往往与技术变化相联系，技术的变化导致外部环境发生变化；现存制度的利益缺位者往往是制度变迁的推动力量，因为他们的利益受到现存制度的约束，因而强烈要求突破这种约束②。由于凡勃伦把制度变迁看成是环境改变的过程，因而当环境改变后，社会整体利益就要在社会成员之间重新进行分配，但是，"这一重新分配的结果并不是整个集体的一次均等变化"，即不是每个社会成员均等受益。衡量制度变迁是否可行的标准，是"生活的便利程度"，即如果制度变迁使社会的整体生活进步了，那么这种制度变迁就是合理和可行的，否则就是不合理和不可行的。诺思认为制度变迁"一词涉及在一段时间里制度的设立、更改或破坏"③，即一种更有效率的制度代替原来制度的过程。

---

① ［美］道格拉斯·C.诺思，张五常，等.制度变革的经验研究［M］.罗仲伟，译.北京：经济科学出版社，2003：407.

② Thorstein Veblen. *The Theory of Business Enterprise*［M］. New York: Charles Scribner's Sons, 1904；Thorstein Veblen. *The Engineers and the Price System*［M］. New York: Augustus. M. Kelley, 1921.

③ ［美］道格拉斯·C.诺思.经济史上的结构和变革［M］.厉以平，译.北京：商务印书馆，1992：195.

制度变迁是随处可见的、不断持续进行的和递增的过程，是单个当事人和组织中的活动家日常做出选择的结果。因为在某种制度下，任何一方都不可能通过投入资源来重构合约而获益时，制度才处于均衡和稳定状态，但是，当社会的某些成员认识到一些收入在现存制度下他们无法得到，只要改变现在的制度他们就可能获得这些收入，这时，他们便要求改变现在的制度，将现存的制度均衡打破。当然，并不是任何的预期收入都会引起制度的变革，即制度变迁是有条件的，这个前提条件就是预期净收益超过预期成本，因为新的制度的建立也是要花费成本（交易费用），只有预期收益大于成本，行为主体才会推动制度变革；如果预期收益小于制度创立的交易费用，他们便不会推动制度变革。

根据推动制度变迁经济主体的不同，制度变迁可分为"自下而上"和"自上而下"两种形式。"自下而上"的制度变迁，是指当新制度有很大可能的获利机会时，社会中的一部分人就会带动其他人进行制度的变迁，也叫作诱致性制度变迁。"自上而下"的制度变迁是政府根据社会的需要，通过颁布法令的形式引入和实行的改革，也叫作强制性制度变迁。

（2）制度变迁理论的主要内容

新制度经济学的代表人物诺思，以三大理论为基石来构建他的制度变迁分析框架。这三大理论分别为：对经济活动产生动力的产权；界定和实施产权的单位——国家；社会的意识形态。[①]

产权理论认为，有效率的产权应是竞争性的或排他性的，诺思对产权理论的重要贡献在于，将产权理论应用于对制度的分析，认为对产权进行明确的界定，使产权主体的责权利清晰，有利于防止机会主义行为的产生，减少经济运行中的不确定因素，有助于经济效率的提高。

国家理论是诺思（1992）制度变迁理论的第二块基石。诺思认为，国家理论长期以来没有受到经济学家的关注。"国家理论之所以不可缺少，原因在

---

① ［美］道格拉斯·C.诺思.经济史上的结构和变革［M］.厉以平，译，北京：商务印书馆，1992：9.

于，国家规定着所有权结构。国家最终对所有权结构的效率负责，而所有权结构的效率则导致经济增长、停滞或衰退。因此，国家理论不仅要为产生低效率所有权的政治经济单位的固有的趋势提供解释，而且必须说明历史上国家的非稳定性。"① 他认为，理想的国家，即能够为国民提供最大福利和最大效用的国家，应具备三个特点：一是统治者要向公民提供"保护"和"公正"服务；二是要为社会设计出有利于经济进步的并能实现收入最大化的产权体系；三是在面临其他国家和现存社会中可能成为未来统治者的个人潜在竞争的条件下，统治者垄断权力的程度是"各个不同选民集团替代度的函数"。②第一个特点是说明统治者与选民之间的交易过程，第二、三个特点是说明交易费用的条件。国家为选民提供基本的服务，制定根本性的竞赛规则，如确定产权、制定法律等，用法律法规及有关章程来约束市场主体的行为，同时设计出一整套对违反章程、法规的行为进行检查和惩治的制度，达到交易费用的减少。诺思的国家理论确实解释了国家产生以后，特别是现代国家的现实情况，一定的产权制度没有国家的保护是不可能得到最终确认的，不过，从产权的产生历史来看，却不一定符合事实。

国家理论和产权理论不能解决"搭便车"的问题，因为产权即使是清晰的，但如果监督成本太大也会失效，而产权又是由国家界定的。诺思（1992）说，"如果没有一种关于意识形态的清晰理论……不能解决"白搭车"问题这一根本难题"。他认为，意识形态是一种"真实的意识"，是支配人的行为的一组准则、习惯、行为规范，当这些准则、习惯、行为规范成为人们行为必须遵守的"常识"时，就是理论了。他认为，意识形态是普遍存在的，不论那个阶级都有自己的意识形态。③意识形态能解决"白搭车"问题的具体事例随处可见，例

① ［美］道格拉斯·C.诺思. 经济史上的结构和变革［M］. 厉以平，译，北京：商务印书馆，1992：18.

② ［美］道格拉斯·C.诺思. 经济史上的结构和变革［M］. 厉以平，译，北京：商务印书馆，1992：24.

③ ［美］道格拉斯·C.诺思. 经济史上的结构和变革［M］. 厉以平，译，北京：商务印书馆，1992：33–59.

如交通道路附近果园里的水果，尽管人们举手就可以拿到，但是，由于人们的意识中存在着拿取别人的产品是盗窃行为的观念，因而果园的主人可以顺利地收获自己的劳动成果。如果人们头脑中没有形成拿别人产品是盗窃行为的意识形态观念，那就会存在大量的"白搭车"行为，许多人就会不愿劳动而去获取别人生产的产品。

意识形态在规范和协调人们的行为方面起着重要的作用，也往往体现着社会的公平与正义。但是，意识形态也不是永恒不变的，当社会的经济发生了重大变革，人们的观念也会发生变化，即意识形态也要发生变化，在新的经济条件下找到一种更有效、更经济的协调人们行为关系的准则。当人们的意识普遍发生变化时，就推动着制度的变迁。诺思关于意识形态的理论对各国的经济、社会制度变革产生重要作用的提法，是对西方经济理论的一个重要贡献，与各国制度变革的实际情况是相符的，每一种新的制度的出现，都与一种新的思想、新的观念相联系，都要求新的意识形态作为先导。

（3）制度变迁与经济增长的关系

诺思认为，"有效率的经济组织是经济增长的关键；一个有效率的经济组织在西欧的发展正是西方兴起的原因所在"①。

为什么说制度与经济增长之间存在密切关系？即为什么说有效率的经济组织在经济增长中起着关键的作用？

首先，有效率的制度会形成一种对生产者有刺激作用的产权结构。从前面的分析可知，产权是制度最重要的组成部分，产权结构科学、合理是有效率制度的重要体现。科学合理的产权结构，体现为各经济主体对财产的责任、权利、利益有着清晰明确的界定，同时各经济主体的收益是可预见的。这样的产权结构，对经济主体能起到最大的激励作用，刺激各个经济主体努力为提高经济运行效率而尽力。对产权制度与经济增长的关系，国内外学者不仅从理论上进行了研究，还进行了大量的实证研究。Lewer et al.（2011）对101

---

① ［美］道格拉斯·诺思，罗伯斯·托马斯．西方世界的兴起［M］．厉以平，蔡磊，译，北京：华夏出版社，1989：5.

个样本国家 1990—2002 年的面板数据实证表明，产权程度较高的国家（表现在公民安全及合法财产权方面）往往比产权程度较低的国家有着更快的经济增长速度。Norton（1998）则发现产权制度更有效的国家往往也具备更高的人文发展指数（HDI），因而强调好的产权制度安排可以提高贫穷国家的收入水平。Knack & Keefer（1995）使用 ICRG 和 BERI 中的指标作为产权制度的代理变量，结果发现产权的合理程度对经济增长的影响显著。

其次，制度影响着交易的成本，合理的制度起着降低交易成本的功能。在诺思看来，"制度的建立是为了减少人们交易中的不确定性，再加上技术的采用，两者共同决定交易成本（和生产成本）。因此，制度尤其是产权对市场有效性有极其重要的决定作用"[①]。诺思在对世界海洋运输业的考察中，发现从1600 年以后的 250 年间，即到 1850 年时运输技术没有产生重大进步，但由于运输制度和市场制度的完善，结果是海洋运输业的生产率提高很显著。显然，海洋运输业生产率的提高，是来源于制度变迁导致的运输成本降低。因此，以诺思为代表的新制度经济学派认为，制度是经济发展的内生变量，而不是外生变量，制度变迁对经济增长起着关键的、决定性的作用。劳动、资本、技术等生产要素的变迁，不是经济增长的原因，而是经济增长的结果。因为制度可以通过政策法规及各种行业的自律行规等，消除交易中的不确定性，保障在所有权不变的情况下，减少市场的不完善，提高各种生产要素的市场效率，鼓励创新及使得企业达到规模效益等。

国内对制度变迁的研究成果也十分丰富。在张五常看来，我国改革开放以后经济的飞跃式发展是由于制度改变的结果。他认为中国的经济快速增长不是奇迹，制度能改变是奇迹，正是制度的改变导致了经济发展。在产权理论中，张五常推崇私有产权的作用，他以养蚝、养鱼为例，认为所有制的性质不同，人们的行为就会不同。在公有制度下，生产过程中的许多问题可能会成为不易解决的难题，但在私有产权制度下，生产过程中的问题都会迎刃

---

① ［美］道格拉斯·诺思 . 新制度经济学及其发展［J］. 路平，何伟，编译，经济社会体制比较，2002（5）：5-9.

而解，在谈到制度与交易费用时，他同样认为私有产权下可以使交易费用最低。"唯一没有经济浪费的竞争准则是市场价值。这种准则只有在私有产权下才可以有效运用。私有产权制度就是资本主义的骨干。假若取消私有产权，或在私产界定不健全的情形下，其他种种形式的竞争衡量准则会纷纷出现"①。

国内对制度、制度变迁理论研究最为深入的要数林毅夫，他研究的内容涉及多个方面。第一，分析了制度的产生及其功能。林毅夫认为，制度是一系列人为设定的规则，这些规则约束人们的行为。制度包括正式规则如法律、书面合同、市场交易等，非正式规则如价值观、习俗、伦理道德等。制度的产生是由于生产风险与信息不对称使机会主义行为增加的要求。为了防止机会主义行为的蔓延，使社会有一个正常的经济生活秩序，社会就要制定法律、建立法庭，规范各种经济交易行为，建立对经济主体激励的社会结构等，这些就构成制度。制度主要有两个方面的功能，一是"节约"功能，二是"再分配"功能，但其最基本的功能是"节约"，即使经济主体在不损害其他人利益的前提下增进自己的福利。"再分配"功能，则往往是制度安排的主要动机。第二，认为制度是经济的内生变量。林毅夫认为，把制度看成是一成不变的外生变量是错误的，制度之所以重要，原因是制度与经济发展之间存在着双向关系，制度影响着经济发展，经济发展也影响着制度，制度是经济发展的内生变量。林毅夫还认为，对制度是内生变量，应该在一个广泛的理论框架内去理解，即不仅经济制度对经济发展有影响，而且社会制度等对经济发展同样有影响，同样是内生变量。第三，对制度变迁的研究。对制度变迁，林毅夫从需求和供给两方面做了分析。从制度需求方面看，林毅夫认为主要取决于交易费用的作用，即在给定的服务需求前提下，如果新的制度比现存制度及其他可供选择的制度能提供更节约的交易费用，使经济运行更有效率，制度变迁就会产生。从制度供给方面看，制度变迁取决于集体行动和国家的作用。他认为，许多制度一旦出现，就会像公共品一样，因为利益可以共享而排他又十分困难，所以就存在"搭便车"的问题，使新的制度产生受阻。集体行动理论就是要解决能

---

① 张五常. 卖桔者言［M］. 成都：四川人民出版社，1988：95.

够约束个体行为使其不"搭便车"。另外，要使新的制度能够有效运行并在经济生活中发挥作用，需要政府进行管制并监督。[①]

2.3.2 产权理论

产权理论是新制度经济学的重要流派之一，科斯是现代产权理论的代表人物。科斯研究的重点不在于经济运行本身，而在于决定经济运行背后的产权制度。1937年，科斯发表了《企业的性质》一文，提出了"交易费用"的概念，为产权理论奠定了基础，1960年又发表了《社会成本问题》一文，标志着现代产权学派产生。

（1）产权的概念

对产权的内涵，经济学家从不同的视角观察，有不同的解释。

科斯没有对产权直接下过定义，但是，从科斯对土地所有者的行为分析来看，他把产权看成是所有者的行为权力，他说："我们说某人拥有土地，并把它当成生产要素，但土地所有者实际上所拥有的是实施一定行为的权力。"[②]当然，这种权力也不是无限的，在行使某种财产权力时，不能侵害其他财产人的权力，比如在你自己的土地上挖掘渠道时，不能将挖掘出来的土壤堆到别人的土地上。哈罗德·德姆塞茨认为，"产权是一种社会工具，其重要性来自以下事实：产权帮助人形成那些当他与他人打交道时能够合理持有的预期。这种预期通过法律、习俗以及社会道德等等表达出来"[③]。可见，德姆塞茨认为产权是一种调整人与人之间相互关系的行为规则，这种行为准则规定了行为人可以做什么，不可以做什么，可以做的会得到什么利益，不可以做的利益会受到什么样的损害。E. G. 菲吕博腾和 S. 配杰威齐也强调，"产权不是指人与物之间的关系，而是指由物的存在及关于它们的使用所引起的人们之间相

<hr>

① 林毅夫 . 再论制度、技术与中国农业发展［M］北京：北京大学出版社，2000：11-73.

② ［美］罗纳德·哈里·科斯 . 企业、市场与法律［M］. 盛洪，陈郁，等译，上海：三联书店，1990：123.

③ ［美］哈罗德·德姆塞茨 . 关于产权的理论［J］. 经济社会体制比较，1990（6）：49-55.

互认可的行为关系"①。阿尔钦在《新帕尔格雷夫经济学大词典》中的解释是，"产权是一种通过而实现的对某经济物品的多种用途进行选择的权利。属于个人的产权即为私有产权，它可以转让——以换取对其他物品同样的权利"②。这表明，产权不是单一的权利，而是一组权利。不管对产权的具体表述有何不同，但其内涵包括的内容则是一致的：第一，产权要发挥出工具的作用，须通过国家的强制才能得到实施。比如，为使任何个人或组织所拥有的财产不受侵害和被掠夺，必须要有国家法律的明确规定；而对没有国家明确界定为谁所有的财产，即便你占为己有了，也可能随时失去。又如，国家政策允许的经济行为，行为者可以享有应该获得的利益；国家政策禁止的经济行为，行为者不仅不能获得利益，反而要受到处罚。第二，产权的实质是人与人之间的社会关系，不是人与物之间的关系。从现象上看，产权似乎是人与物之间的关系，只有拥有了某物（财产）才可以获得与物相关的利益，但是，在物的背后所反映的是人与人之间的社会关系，因为当某个经济主体拥有了某种物的权利时，别的经济主体就不能享有该物的同等权利。第三，产权是责、权、利的统一。产权是一种权利、一种利益，可以获得收益，从而产生经济活动的动力。但是，产权还是一种责任，即保护好财产不受损的责任。如拥有农地产权，可以从农地的使用中获得收益，但是，不能实行掠夺式的使用，保护好农地是农地所有者的责任。

（2）产权的特征

第一，产权可以分割。产权不是一项权能，而是由多项权能组成的权能体系，包含所有权、占有权、支配权、使用权和收益权等，这些权项既可以归属于同一主体，也可分属于不同的主体。产权的分割就是指产权的各项权能可以归属不同经济主体。当财产的所有者同时又是财产的占有者、使用者时，

① ［美］E. G. 菲吕博腾，S. 配杰威齐. 产权与经济理论：近期文献的一个综述，见 R. 科斯，A. 阿尔钦，D. 诺斯，等. 财产权利与制度变迁——产权学派与新制度学派译文集［M］. 刘守英，译，上海：上海三联书店、上海人民出版社，1994：204.

② 引自［英］约翰·伊特韦尔，默里·米尔盖特，彼特·纽曼. 新帕尔格雷夫经济学，大辞典（第3卷）［M］. 北京：经济科学出版社，1996：1101.

产权的各项权能是统一的，属于同一经济主体。历史上自耕农的农地产权是统一的，各项权能统一于自耕农手中；自己投资、自己经营的个体经济也是属于这种情况，个体企业的所有权、经营权、收益权同属于个体企业主。但是，当阶级分化产生以后，产权开始分割。在奴隶社会，奴隶主占有大量的农地，这时所有权归奴隶主，使用权由奴隶承担，但收益权却集中在奴隶主手中。在封建社会，大量农地集中在地主手中，农民向地主租佃农地耕种，这时所有权与经营权、使用权发生了分离，收益权也产生了分割。到了资本主义社会，随着社会化生产的不断发展，产权的分割更为复杂。马克思在对资本主义社会的研究中，认为产权的分割是由于企业规模扩大和管理职能专门化的结果，由于机器大工业的发展，企业规模扩大，需要多人共同投资，企业财产所有权分散，导致所有权与经营权分离了。另外，随着企业规模的扩大，管理成为专门的职能，由具有管理技能的人来行使，这时企业的管理者往往不是企业资产的所有者，企业所有权与经营权也产生了分离。西方学者则认为，产权分割可以使资源流动，实现社会资源的优化配置，使社会资源得到更有效、更合理的使用。

第二，产权具有独占性。产权的独占性，是说某经济主体对其拥有的特定资源行使某种权能时，其他的经济主体不能对同一资源行使与自己相同的权利。同一农地的所有者只能有一个，不能既属于某甲又属于某乙。产权独占性的产生是由外部性和"搭便车"行为引起的。所以在新制度经济学看来，独占性一般经历了从"外"到"内"的演进过程。首先是排除外部人使用资源，接着是限制内部人使用资源，最后是把资源分配到私人。但是，也不是所有的产权都具有严格意义上的独占性，有的产权的独占性就受到一定程度的限制。这种限制来自三个方面：一是建立独占性制度的成本大于收益；二是存在着技术上的困难，无法实现独占性；三是有的资源本身一旦建立独占性制度，资源反而不能得到有效利用。产权独占性的产生是产权市场形成的一个重要条件。同时，产权独占性的产生，还要以明晰产权为前提，产权模糊，不能形成独占性，也不能消除"搭便车"现象。西方产权学者认为，只有私有产权才能形成较强的独占性；而由许多人共有的产权，独占性弱，这一点从我国高速公路免费时汽车堵塞严重的情况可以验证。

第三，产权具有可让渡性，即产权可以转让。产权通过产权交易市场实现让渡，是使资源能得到优化配置的重要条件，E. G. 菲吕博腾和 S. 配杰威齐认为，"一个社会中的稀缺资源的配置就是对使用资源权利的安排"[1]。就我国目前的农地"三权分置"改革来说，就是要通过农地经营权的流转，把经营权让渡出去，使农地得到更有效的利用。产权通过市场交易转让或让渡，可以是全部产权，包含所有权、经营权、使用权、收益权等等的全部权利的让渡；也可以是部分产权的让渡，如农地只让渡经营权。另外，从产权让渡的时间来说，可以是一次性的永久让渡，如将房产卖掉；也可以是只让渡一定的时期，如农地经营权的让渡，或某一物品在抵押行的抵押，就属于这种情况。

第四，产权既具有自由性，又具有有限性。产权的自由性，是指在产权界定的权利范围之内可以根据自己的意愿自由处理经济物品，属于个人的经济物品可以赠送、可以出售、可以自己使用等。但是，任何一个经济物品的产权体系，人们都很难界定清楚有多少种权利构成，因而，任何产权都不可能是完全自由的，总是要受到一定的限制的，这就是产权的有限性，从这个角度说，产权又是残缺的。产权残缺是相对于完整的所有权体系来说，有些私有权力被删除了。出现产权残缺，是由于有些权力被安排给予了国家，由国家来行使。所以，国家的管制和干预是产权残缺的根源，正如 H. 德姆塞茨所认为的，"完全的私有权、完全的国有权和完全的共有权的概念相对于所包含的实质的权利束有很大的弹性"[2]，就是说，产权有时候既受到量的限制，又受到空间的限制。同时，产权本身难以界定清晰，也会导致产权的运用受到限制。

---

① ［美］E. G. 菲吕博腾, S. 配杰威齐. 产权与经济理论:近期文献的一个综述. 见 R. 科斯, A. 阿尔钦, D. 诺斯，等. 财产权利与制度变迁——产权学派与新制度学派译文集［M］. 刘守英，译，上海：上海三联书店、上海人民出版社，1994：205.

② ［美］H. 德姆塞茨. 一个研究所有制的框架. 见 R. 科斯，A. 阿尔钦，D. 诺斯，等. 财产权利与制度变迁——产权学派与新制度学派译文集［M］. 刘守英，译，上海：上海三联书店、上海人民出版社，1994：179–200.

（3）产权的作用

产权在经济运行中发挥着重要的作用。

第一，清晰的产权，能够减少交易费用，优化资源配置，提高经济效益。对于这一作用，许多经济学家都有详细的分析。诺思从斯密"看不见的手"这一原理出发，以海洋运输和国际贸易为例，认为只要把各项产权能清晰地做出界定，使所有经济行为主体都清楚自己的责任、权力和利益，就可以起到提高经济效益的作用。他说："如果可以假定有一个'中性的'国家，那么，假定存在着对技术的压制、信息成本和不确定性，在短缺和竞争的社会里出现的各种所有权，就其为一种最低成本方法这一意义而言，应当是有效的。"①交易费用是产权主体用于寻找交易对象、洽谈交易、订立合同、监督合约执行等的费用，如果没有产权制度，或者产权不清晰，各种产权交易会难于开展，资源就不可能做到优化配置，经济运行的效率自然就低。产权清晰，各产权主体都将追求资源的使用效率，消除市场不确定性所带来的风险，降低交易费用。

第二，产权具有将外部性内部化的功能。哈罗德·德姆塞茨指出，产权的主要功能就是引导人们在更大程度上将外部性内部化。②他认为在经济运行的现实中，外部性随处可见，或者产生正的外部性，或者产生负的外部性。有毒的工业废水、废气产生的外部性，会对其他生产者造成损害，废气会导致附近的庄稼减产或绝收，废水会导致鱼塘的鱼死亡。通过产权界定，废水不能排入鱼塘，如要排入，要对损害所造成的损失做出赔偿。这样，将外部性转化成了内部性，这时，排出废水的工业企业就要将赔偿损失计入成本，形成其决策的合理预期。

第三，产权既具有激励功能，又具有约束功能。就激励机制来说，产权的每一项权能总是与一定的收益相联系的，农地的所有者、承包者、经营者

① ［美］道格拉斯·诺思，罗伯斯·托马斯.西方世界的兴起［M］.厉以平，蔡磊，译，北京：华夏出版社，1989：5-13；［美］道格拉斯·C.诺思.经济史上的结构和变革［M］.厉以平，译，北京：商务印书馆，1992：18-24.

② ［美］哈罗德·德姆塞茨.关于产权的理论［J］.经济社会体制比较，1990（6）：49-55.

都有与其对应的收入，企业的资产所有者、管理者和生产者同样享有与其权利相对应的收益，合理的收益界定，会对参与经济行为的所有主体产生激励。就约束机制来说，产权对参与经济行为的所有主体，都会做出应该做什么，不应该做什么的具体规定，每个经济主体都只能在产权规定的权限内活动，受到产权界定的约束。超出产权界定范围的行为，轻者要受到经济处罚，重者可能要受到法律的追究。以农地来说，国家明确界定农村土地属于农民集体所有，农户拥有承包权、经营权，但是没有农地出售权，承包户将承包农地出售是违法行为，不被法律所承认。

第四，清晰的产权具有减少不确定性的功能。经济生活错综复杂，过去认为没有经济价值的物品，由于技术的进步现在发现了它的价值；过去对某些经济物品的价值认识不全面，现在有了新的发现。过去认为没有价值的物品，如果不对其产权进行界定，确定其产权归属，则会产生人人争着抢占的局面，从而造成这种资源得不到合理利用，或者被浪费，或者过度使用，出现不确定的后果。对某种物品新发现的功能，同样要对新功能的产权做出清晰界定，如果产权模糊不清，同样会形成结果的不确定性。[①]

（4）对产权理论的认识

产权理论在现代市场经济条件下发挥着极为重要的作用，正如前面所叙述的，在经济运行的实践中，它具有减少交易费用、提高经济效益，将外部性内部化，对经济主体起激励和约束等功能，但是，西方产权理论是建立在财产私有的基础之上的，认为只有在私有产权制度下，产权界定才是有效率的。

产权的实质是隐藏在财产后面的人与人之间的社会关系，即人与人之间经济利益关系，表现为通过法律形式所界定的不同经济主体所享有的财产权利。产权不是一种单一的权利，而是一组权利，不同的财产，其产权构成有所区别，但最基本的有所有权、经营权、使用权、收益权等。产权功能的发挥，就在于将同一财产的不同权利通过法律形式界定，使不同权利主体的责、权、利明确而稳定，从而使所有的权利主体都能高度关注财产的使用及其在使用

① ［美］戴维·E.雷.企业家［M］.董成茂，译，北京：中国对外翻译出版公司，1998：7-10.

中所发挥的效率。

产权界定在私有制下可能是有效率的（其实也有不少失败的案例），但是这并不能得出结论，认为公有制条件下的产权界定就没有效率。实际上，财产在经济运行中是不是具有效率，最重要的并不在于财产是属于谁的，而是取决于财产的经营者、使用者。就农地这一财产来说，最终能不能提高农业生产率，根本上还是看农地经营者的行为。在农地集体公有的条件下，只要通过产权界定，用法律形式明确农地所有者、承包者和经营者的权利关系，使经营者通过努力能够获得使其满意的利益要求，经营者就会在自己能力的范围内把农地经营好，就会有效率。因此，产权界定无论是在私有制条件下还是在公有制条件下，都同样是有效率的。

2.3.3 规模经济理论

（1）规模经济的含义

规模经济是经济学中的一个重要范畴，斯密在《国富论》中就从分工的角度研究了这个问题，他说："大制造业的工作，尽管实际上比小制造业分成多得多的部分，但因为这种划分不能像小制造业的划分那么明显，所以很少人注意到。"[①] 不过在这里，斯密用的是"大生产"来表示生产的规模。在斯密分工原理的基础上，穆勒在《政治经济学原理》一书中，进一步说明通过分工节约成本，需要大规模生产才可以做到。他认为，"进行大规模生产，可以大大提高劳动效率。……即使只是为了简单合作而联合，那么企业的规模就必须足够大"[②]。受斯密分工理论的影响，马克思进一步分析了由于分工导致生产规模扩大的两种方式，"一种方式是：不同的独立手工业的工人在同一个资本家的指挥下联合在一个工场里，产品必须经过这些工人之手才能最后制成"，另一种方式是"许多从事同一个或同一类工作（例如造纸、铸字或制针）

① ［英］亚当·斯密.国民财富的性质和原因的研究（上卷）［M］.郭大力，王亚南，译，北京：商务印书馆，1972：5-6.

② ［英］约翰·穆勒.政治经济学原理（上卷）［M］.赵荣潜，桑炳彦，朱泱，等译，北京：商务印书馆，1991：155.

的手工业者，同时在一个工场里为同一个资本所雇用"。[①] 马克思在这里与斯密不同的是，对分工做了区分，一种是专业化的分工，一种仅仅是简单协作，同时，他与斯密和穆勒研究目的也不同，马克思研究生产规模扩大的目的，是要说明剩余价值的生产。但是，无论是斯密、穆勒还是马克思，都还没有提出"规模经济"这个范畴。马歇尔在他的《经济学原理》一书中，对规模经济问题做了较为系统的分析，用了"大规模经济"这个词来代替过去的"大生产"的提法，他说，"个别厂因扩大它的企业而迅速引用新的大规模经济"，[②] 强调"组织"对提高工业企业经济效率的重要作用，企业"劳动和资本的增加，一般导致组织的改进，而组织的改进增大劳动和资本的使用效率"[③]。

进入 20 世纪以后，对规模经济的探索转为主要从交易费用的节约和内部化优势的视角来加以研究，定义也是从这样的角度来解释。若阿金·西尔韦斯特在《新帕尔格雷夫经济学大辞典》（第 2 卷）中认为："考虑在既定的（不变的）技术条件下，生产 1 单位单一的或复合的产品的成本，如果在某一区间生产的平均成本递减（或递增），那么，就可以说这里有规模经济（或规模不经济）。"[④] 乔梁认为，规模经济是一个极复杂的范畴，可从多角度考察，但总体看，"规模经济可称为大规模生产经营的成本节约，规模经济也可以理解为规模与效益的有机统一"[⑤]。

由于视角不同，人们对规模经济的表述各不相同，但本质上说明随着企业生产规模的扩大，平均成本下降，收益增加，直至达到利润最大化。

（2）规模经济产生的条件

规模经济能给企业带来好处，这是毋庸置疑的，但是，也不是所有的企业都能把规模做大。企业规模要做大，需要具备一定的条件。

---

① 马克思恩格斯全集（第 23 卷）[M].北京：人民出版社，1972：373-374.

② ［英］马歇尔.经济学原理（下卷）[M].陈良璧，译，北京：商务印书馆，1965：138.

③ ［英］马歇尔.经济学原理（上卷）[M].朱志泰，译，北京：商务印书馆，1964：328.

④ ［英］约翰·伊特韦尔，默里·米尔盖特，彼得·纽曼.新帕尔格雷夫经济学大辞典（第 2 卷）[M].北京：经济科学出版社，1996：84.

⑤ 乔梁.规模经济论——企业购并中的规模经济研究 [M].北京：对外经济贸易大学出版社，2000：38.

条件之一是市场需求。市场经济条件下，所有企业的产品都是面向市场的，可以说，市场需求的状况决定着企业的生存和发展。如果企业生产出来的产品与事先的预测不一致，产品无人问津，企业就只能关门；如果企业生产出来的产品市场需求量不大，企业只能根据市场对产品的需求量来确定企业的规模，决不能盲目扩大，否则会陷入产品积压、不景气的状况；只有当市场对企业生产的产品需求很大时，企业才能扩大规模来满足市场对产品的需求，产生规模经济。钱德勒认为，较大的市场需求规模，是较大的企业规模的前提条件。[①]

条件之二是产品行业的性质。企业是否可以做大形成规模经济，与产品生产所在的行业也存在关系。乔梁认为，"根据工业各产业的物耗率、产值成本率、资金利税率和工资利税率等，可以把产业、产品的规模经济性划分为三种类型：一类是规模经济显著的产业……第二类是规模经济性不显著的产业……第三类是基本不存在规模经济性的产业"[②]。像钢铁、汽车、石油化工等，规模经济显著，把企业规模做大可以获得规模经济的好处；而像家具、工艺美术类的产品，就不会有规模经济效益，没有必要把企业规模做大；像仪器、金属制品、塑料制品等行业，规模经济不显著，是否把企业规模做大，则要看具体情况。

条件之三是产品生产的资源和交通条件。有些产品行业可以产生规模经济，但具体到某个企业，则要看资源和交通条件的情况。钢铁、煤炭行业最典型，像澳大利亚的铁矿石生产，矿产储量丰富、品位高，为大规模生产提供了条件；像我国山西省平朔露天煤矿、安太堡露天矿等五大露天煤矿，也为大规模生产提供了条件。如果相反，尽管铁矿石和煤炭有开采价值，但储量不是很大，就不具备建大型企业的条件。交通条件也是一个制约因素，交通条件好，铁路、水路、海运、高速公路便利的地方，为大企业的设立提供了条件；反之，交

---

① ［美］小艾尔弗雷德·D. 钱德勒. 企业规模经济与范围经济工业资本主义的原动力 [M]. 张逸人，陆钦炎，徐振东，等译，北京：中国社会科学出版社，1999：31.
② 乔梁. 规模经济论——企业购并中的规模经济研究 [M]. 北京：对外经济贸易大学出版社，2000：43.

通不便的地方，由于运输成本太大，大企业难以生存。从现实来看，我国的大型企业在选址时，都把交通状况作为考虑的重要因素。

条件之四是资本量。一个产业、一个企业能不能做大，资本量是一个极重要的条件。大企业是与大的资本投入相联系的，没有巨额的资本投入，不能建成大型的企业，华为年研发投入近900亿元，芯片生产到目前仍然不能说已经形成大的规模，可见大企业要多么大的投资。从经济运行的实践看，在产品市场前景看好的情况下，一个企业能不能做大，就看能不能从资本市场直接或间接筹集到资金，受到资本市场的青睐。如果不能筹集到足够量的资金，产品前景再好，也无法把规模做大。

条件之五是企业要具有企业家素质的人来管理。舒尔茨在分析智利的农业没有对智利的经济发展做出应有的贡献时指出，智利特别缺乏管理大农场的企业家。[①] 管理农业企业需要有企业家，管理工业企业同样需要企业家。戴维·E.雷认为，大规模的企业，特别是那些大的跨国公司，企业管理者面临的是层层叠叠的庞大组织机构，要管理好这样的企业，管理者需要具备企业家的素质。在目标管理中要能把握住错综复杂的局面，制订计划、决定发展战略、开展各项经营活动，要头脑清醒，甚至对一些重要的细节都要了若指掌；要善于抓住机遇，在最恰当的时机当机立断采取行动，以避开可能的风险，这是走向成功的重要品质；要有创造性的思维，循规蹈矩、墨守成规只会导致企业的灾难。不具备企业家的这些素质，就难以管理好大规模企业。

（3）规模经济产生的原因

随着企业规模的扩大，平均成本下降、经济收益增加、效益提高，这是多方面的原因导致的。

第一，分工带来的好处。马克思、斯密对分工带来的好处做了研究，发现企业规模的扩大促进了分工的发展，而分工能给企业带来许多好处。马克思认为，协作可以抵消各个劳动者在劳动能力上的差别，获得平均劳动的性

---

① ［美］西奥多·舒尔茨.经济增长与农业［M］.郭熙保，周开年，译，北京：经济学院出版社，1991：181.

质，而平均劳动是企业增收的保证；可以节省生产资料；可以创造一种集体力；可以振奋劳动者的精神，提高效率等。斯密认为，分工可以提高劳动者的技术熟练程度，反复从事同一性质的劳动，劳动熟练程度必然改善；可以节省转换工种的时间等。

第二，穆勒从组织规模的角度得出大规模生产可以降低成本。首先，可以降低管理成本。显然，分摊到每个产品上的管理成本对规模不同的企业是不一样的，大企业产品的平均管理成本明显要低于小企业。其次，大企业有必要，也有可能采用先进的技术设备，从而降低成本。现代企业竞争的重要内容之一，是科技的竞争，在这方面大企业拥有无可替代的优势，一是大企业资金雄厚，有能力采用大型的先进技术设备；二是大企业一般市场范围大，产量也大，对生产效率高的先进技术设备有需求。先进技术设备的高效率，必然会使产品生产的成本降低。大型企业的另一个优势是可以用巨额的资金支持先进技术和先进工艺的研发，获得创新利润。微软、苹果、华为这些大企业之所以能在世界市场的激烈竞争中不断发展，一个重要原因就是他们的研发能力强大，在不断推出新的、功能更佳的产品同时，使产品的成本下降。

第三，可以节约交易费用。交易费用是科斯 1937 年在《企业的性质》一文中提出来的概念，他认为，企业和市场都是资源的配置方式，资源通过市场配置收集信息、发现价格、签约、监督合约的执行等，这都要花费，这些花费就是交易费用。企业通过计划的方式配置资源也要花费，如配置人员、办公用品等，这些费用就是管理成本。当企业规模扩大以后，无论是在原料采购、产品销售方面，还是资金筹集方面，都具有优势，能使交易费用降低。另外，企业规模大，还可降低内部的管理费用，使效益提高。

第四，内部化交易给企业带来利益。在企业规模扩大的同时，内部交易的优势也就体现出来。内部化理论认为，随着科技水平的飞速发展，企业对科技研究、劳动力培训、销售、金融资产等越来越重视，而且这些中间产品对企业的经营有着越来越重要的意义。但是，这些产品的市场，特别是知识产品的市场具有不完全、风险大、耗时长、投入多的特点，而且知识产品在一定时期具有"自然垄断"的性质，要利用差别价格来管理，定价高，所以知识产品如果全部由外部市场获取，将大大增加生产成本。内部化交易，可以消除外部垄断价格对企业的影响。另外，知识产品在一定时期内还往往被封锁，不能及时获取，内部交易可以克服"时滞"所带来的负面影响。

第五，大企业还可获得范围经济带来的效益。从产品多样化的经济性来看，主要体现在以下几方面：一是可以共享产品的商标，产生经济性。一般来说，某企业创立了一个品牌，消费者就会对此品牌产生信任和购买依赖，凡是共享这个品牌的产品都可以为自己的销售提供便利。如海尔这个品牌是通过空调产品创立起来的，但现在共享海尔这个品牌的产品除了空调外，还有冰箱、热水器、洗衣机等许多小家电产品。二是产品多样化，可以节约生产成本，如生产某种产品的"废料"，可以成为生产另一种产品的原料。范围经济的另一种形式是产品向前和向后延伸，这样可以减少市场竞争价格给企业成本带来的不利影响。

第 3 章
我国农地制度变迁与农业生产率变化

本章首先分析农地制度影响农业生产率的作用机理，然后分析我国农地制度变迁对生产率变化的影响，具体分为 1949 年至 1952 年的土地改革与农业生产率，1953 年至 1957 年的农村合作化与农业生产率，1958 年至 1978 年的人民公社与农业生产率，1978 年至今的家庭联产承包责任制与农业生产率。

3.1 农地制度影响农业生产率的作用机理

国内外的研究文献一致认为，制度作为一个不可忽视的因素对生产率有着重要的作用；同理，农地制度对农业生产率有着重要作用。农地制度对农业生产率的作用，是通过农地产权制度及国家关于农业发展的有关法律法规，调动农民的积极性，进而影响农业劳动生产率。

3.1.1 科学合理的农地产权结构激励农民对农业生产的投入

农地制度的核心是农地产权，包括所有权、承包权、经营权、收益权等。从我国的现实情况看，科学合理的农地产权结构，应当是农地所有权明确，承包权、经营权稳定，收益权不受侵害，而且各项权能主体责权利关系清晰，且受到法律的有效保护。农地所有权明确，所有者会时刻关注着自己农地的可持续发展能力，关注着农地经营者对农地的投入是否有利于农地的可持续利用。承包权、经营权稳定，激励着农地的承包者和经营者对农地的使用做长期安排，增加对农地的投入，改善农地的条件，以便能够获得长期的更好收益。收益权受到法律的有效保护，使产权结构中分配给不同经济主体的利益具有预见性，在利益的驱动下，为实现自身利益的最大化，不同经济主体在自身责任的范围内，都存在着增加对农地投入的积极性，从而推动农业生产率的提高。

显然，如果农地产权结构不合理，则对农业生产率会起到负面影响作用。如果农地的所有权主体模糊，谁都不对农地可持续生产能力负责，则农地土壤质量的改善、农地基础设施建设的投入等，便无人愿意承担；如果农地的承包权和经营权不稳定、频繁变动，承包者、经营者的利益随意受到侵害，则必然导致农业生产的短期行为、对农地实行掠夺性经营，结果是农业生产率下降。

3.1.2 国家关于农地经营的政策法规影响着农业生产的效率

国家关于农地经营的政策法律体系是农地制度的重要内容之一，有利于农业发展，能调动农民增加农业生产投入，并为农民选择最佳经营规模提供条件，对提高农业生产率起着正向的推动作用。

首先，科学合理的农地产权结构的建立和实施，需要国家法律的保护、国家政策的支持。任何一个国家的任何一种农地所有权，都是在得到国家法律的确认后才会成为经济现实，才会受到社会的公认。我国在 1949 年后各个历史阶段的不同农地所有制，都是受到国家法律的确认，才在经济生活的实践中得到实现的。实践证明，当农地所有制适合当时农村生产力发展的要求时，对农业生产率的提升就起到了好的正向作用；当农地所有制与当时农村生产力发展的要求不适应时，就对农业生产率起了反向的阻碍作用。目前对农地实行"三权分置"，为使农地的承包权、经营权稳定，使所有权、承包权和经营权的主体利益得到保护，同样需要国家出台可行的、便于操作的政策法律的支持。

其次，国家政策法规为农业发展营造良好的外部条件，进而影响农业生产率。第一，农户最佳经营规模的选择，需要国家政策为农地流转提供宽松的外部环境。从我国农村现实看，目前分户经营的规模过小，提高经济效益需要扩大农地经营规模，同时大量撂荒农地的存在也为部分农户扩大经营规模提供了可能。如果国家采取有效措施，为农地流转建立平台，并出台有利于农地流转的政策，就可以做到既优化农地资源配置，又实现部分农户扩大经营规模、提高收益的目的。第二，国家在财政政策和价格政策上可以为改善弱势农业提供帮助。农业生产一方面受自然条件的影响较大，水旱灾害经常出现；另一方面，农业劳动比较收益低，导致农业生产波动大，农民收益相对较低，成为弱势产业。提高农业生产率，改善弱势农业状况，政府的财政政策和价格政策可以有所作为。财政加大对农业基础设施建设投入，可缓解自然灾害对农业生产的破坏作用；对某些重要的农产品实行保护价格或直接对某些重要的产品生产进行补贴，能提高生产者的积极性，有利于农业生产的发展。第三，政策法规还可以在推动农业科技进步和提升农民素质等方面起到重要作用。农业生产率的提高，离不开农业技术的广泛应用和农民本身素质的提升。一方面，国家政策可加大对农业科研的投入，制定稳定农业科研队伍的政策，完善农业科技推广的组织网络等；另一方面，国家通过制定鼓励愿意在农村扎根的农民转变为新型高素质职业农民的政策，提升农业经营者的技术水平和管理能力。所有这些改善外部条件的政策，都会对农业生产率的提高起到正向积极作用。

3.2 1949 年至 1952 年的土地改革与农业生产率

3.2.1 农村土地改革承担的任务

中华人民共和国成立之初，根基未稳的人民政权面临着重重困难和严峻挑战。首先，从政治层面来讲，主要资本主义国家对新中国实行封锁政策，试图将其扼杀于萌芽之中；国民党残余势力依旧做垂死挣扎，妄想推翻新生的人民政权，恢复国民党的统治；封建地主阶级也并未彻底消除，还在做着复辟的美梦。其次，从经济层面来看，受内战及日本侵略等因素的影响，国民经济几近到了崩溃的边缘，人民生活十分困难。最后，从社会文化方面来讲，传统社会秩序刚刚被打破，新的秩序还未全面建成，各种各样的思想相互碰撞、鱼龙混杂，无法正确区分。

在经济层面所面临的严峻挑战中，一个重要方面是农村的封建农地制度所导致的严重困难。在解放战争进程中，尽管从 1947 年开始在一些老解放区进行了土地改革，但在全国解放时，大部分地区还没有进行土地改革，封建农地制度仍然统治着这些地区。在封建农地制度下，大量的土地集中在少数地主、富农手中，而占农村人口90%以上的广大普通农民，只占农地面积的20%～30%。这种所有制极不合理的封建农地制度，加速了中国农村的衰落与崩溃，使农村生产力遭到严重破坏。根据有关方面的调查，到1949年中华人民共和国成立时，农业生产工具及耕畜严重不足；河堤年久失修，自然灾害连年不断；农民生活困难，无力扩大再生产。1949年主要农产品产量与抗日战争前的最高年份相比，都有较大下降，粮食降低22.1%，棉花下降48%。

为了巩固新生的政权，完成民主革命的任务，1950年颁布的《中华人民共和国土地改革法》明确规定，在农村要实行农民土地所有制，消灭封建地主土地所有制，实现耕者有其田。这一任务是通过土地改革来完成的。

3.2.2　土地改革中的农地制度变迁

我国土地改革的历史可以追溯到1947年9月13日《中国土地法大纲》（简称《大纲》）的颁布及土地改革在解放区的实施，它标志着我国几千年来的封建农地制度正式终结的开始，具有划时代的意义。到全国解放时，在有14500万农业人口的地区，已经完成了土地改革的任务。1950年6月30日，根据中国内地已经全面解放、土地改革要在全国普遍推行的新形势，又颁布了《中华人民共和国土地改革法》（简称《土地改革法》）。

《大纲》和《土地改革法》颁布的宗旨很明确，就是要驱除封建、半封建的剥削性农地制度，全面推行"耕者有其田"的基本农地管理制度，发展农村生产力。

在《土地改革法》等有关法律法规精神的指导下，我国的土地改革从1950年冬季开始分三批进行：1950年冬到1951年春第一批在华北、华东、中南、西北等约1.2亿农业人口的地区进行；1951年冬到1952年春第二批在华南、西南等约1.1亿农业人口的地区进行；1952年冬到1953年春第三批主要在少数民族地区约3000万农业人口的地区进行。到1953年春，仅用两年时间就完成了全国的土地改革任务。

土地改革的胜利完成，彻底消灭了地主阶级封建剥削的土地所有制，农地制度发生了根本性的变化。

首先，农地所有权的主体发生了变化。土地改革前，70% ~ 80% 的土地所有权归占农村人口 9% 的地主、富农；90% 以上的农民无地或占有少量土地，没有或只有少量的农地所有权。土地改革中，有 3 亿无地、少地的农民分到了 7 亿亩土地和大量的农具、牲畜、房屋等，因此，土地改革后，广大的农民都拥有了自己的土地，成为土地所有权的主体。

其次，农地的所有权与经营权关系发生了变化。土地改革前，封建地主手中握有大量的土地，但是，这些土地多数并不是由他们自己经营，而是分散租给农民耕种，土地的所有权与经营权是分离的，所有权主体是地主，经营权主体是农民。土地改革后，地主已经不复存在，分得了土地的广大农民既拥有了自己土地的所有权，同时也拥有自己土地的经营权，土地的所要权与经营权是统一的。

再次，农地的收益权也发生了变化。收益权关系到相关经济主体的切身利益，也是农地利用效率的重要影响因素。土地改革前，地主、富农凭借土地所有权以货币、实物和劳役地租形式而获取土地收益，每年地租收益达 700 亿斤粮食。土地改革后，农民耕种自己所有的土地，免除了地租的付出，除向国家交公粮外，其他的收益全归农民。

3.2.3　土地改革的政治效果和经济效果

土地改革的完成，达到了"没收地主的土地，分配给无地和少地的农民，实行中山先生'耕者有其田'的口号，扫除农村中的封建关系，把土地变为农民的私产"[①] 的目标。这一目标的实现，在政治上、经济上都产生了积极的效果。

政治上的效果，是广大农民选择了支持共产党，与共产党合作。对此，美国学者易劳逸有一个极好的概括，他说，"国民党在农村的失败是由于当局——无能力保证农民的土地、安全和食物"[②]。与国民党相反，共产党在解放

---

① 毛泽东选集（第 2 卷）[M].北京：人民出版社，1952：671.

② 引自罗平汉.怎样正确看待土地改革运动 [J].红旗文稿，2011（17）：14–17.

区实行土地改革，使无地或少地的农民分得了他们赖以生存的土地。分得了土地的农民，坚定了跟着共产党的决心，这在1949年前实行了土地改革的解放区农民身上表现得极为鲜明，他们以各种形式自觉地支持共产党领导的人民解放战争，用极原始的工具，甚至是用自己的双手和双肩，为保证人民解放军的后勤供给，为人民解放战争的胜利，做出了不可磨灭的巨大贡献。土地改革在政治上的另一个直接成果，就是消灭了延续几千年的封建农地制度，建立了农民私有的农地制度。

土地改革在经济上的效果，是推动了农业生产力的发展，提高了农业生产率，农产品单位面积的产量和产值增加。土地改革后，尽管农户仍然是建立在农地私有权基础上的小生产，但农地产权结构发生了变化，土地的所有权、经营权和收益权统一于农民一身，正是这种变化使农民真正成为独立生产者，使农民成为生产资料的主人；也正是这种变化，能够激发出农民一种前所未有的发展生产的积极性。马克思说过，"土地的所有权是这种生产方式充分发展的必要条件，正如工具的所有权是手工业自由发展的必要条件一样。……它也是农业发展的一个必要的过渡阶段"[①]。农民的积极性是最重要的生产力，它的激发使这一阶段的农业生产率有了较大幅度的增长。从全国的数据来看，单位农作物播种面积在1949—1952年创造的农林牧渔业产值，由1949年的每公顷产值262元，增加到1952年的每公顷产值326元，年均增长11.54%。从单位粮食播种面积的粮食产量来看，1949年每公顷粮食产量1029千克，1952年增加到每公顷粮食产量1322千克，年均增长13.34%。图3.1反映了这一时期我国农业生产率的变化状况。

① 马克思恩格斯全集（第25卷）[M].北京：人民出版社，1974：909.

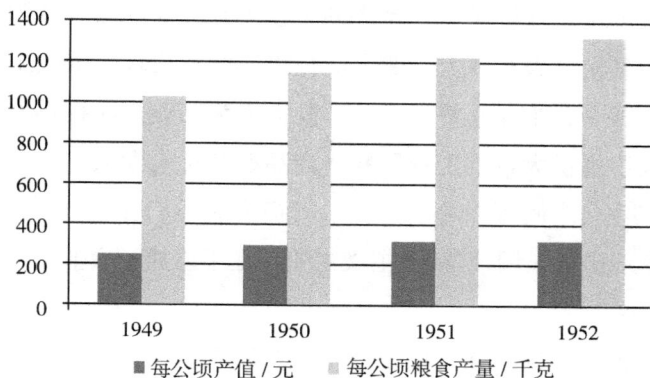

图 3.1 1949—1952 年我国农业生产率

3.3 1953 年至 1957 年的农业合作化与农业生产率

3.3.1 合作化的背景和环境

我国的合作化，是依据马克思主义基本原理及我国农村的实际情况，经历了由生产互助组到初级合作社，再到具有社会主义性质的高级合作社的过程。合作化产生的背景和面临的环境主要有：

第一，过渡时期总路线确立了实现工业化，并对农业、手工业和资本主义工商业进行社会主义改造的总任务。

到 1952 年底，通过没收官僚资本，建立了社会主义国有经济；通过土地改革，变地主所有制为农民所有制，国民经济恢复的任务顺利完成，为大规模的经济建设准备了必要的条件。在 1952 年 12 月召开的中央政治局会议上，毛泽东指出："从中华人民共和国成立，到社会主义改造的基本完成，这是一个过渡时期。党在这个过渡时期的总路线和总任务，是要在一个相当长的时期内，逐步实现国家的社会主义工业化，并逐步实现对农业、手工业和资本主义工商业的社会主义改造。"[①]

过渡时期总路线所确立的工业化目标，对农业提出了严峻的挑战。首先，

---

① 引自赵德馨.中华人民共和国经济专题大事记（1949—1966）[M].郑州：河南人民出版社，1989：108.

工业化的发展要求农业提供越来越多的工业原料和商品粮，并为工业发展提供资本积累；其次，农村要为工业产品提供广阔的市场，吸收工业发展生产出来的产品。但是，个体经济的农民，既无力为工业产品提供大的市场，也无力为工业发展提供大量的工业原料、商品粮和资本积累。农村的个体经济与社会主义工业化之间存在着矛盾。如何解决这一矛盾？出路就是发展互助合作社。毛泽东多次强调，"社会主义工业化是不能离开农业合作化而孤立地去进行的"[①]。

第二，农民个体经济在发展中产生了新的矛盾和困难，限制了农业生产力的进一步发展。

土地改革建立的新农地制度，对农民积极性的调动、对农村生产力的发展确实起到了很大的作用。但是，很快就出现了新的情况和矛盾。首先，个体经济发展的不平衡使农民出现了两极分化的现象。少数农民出于各种特殊的困难和原因，或者缺乏农具等生产资料，或者缺乏劳动力等，家庭生活处于贫困状况，有的甚至出现了出卖土地的现象，使土地改革中分得的土地重新失去。同时，另有少数农民则占有越来越多的土地和其他生产资料，成为新富农。其次，个体经济由于生产规模小，占有生产资料数量少，无力大幅度地提高农业生产力。由于生产规模小，专业化的社会分工被限制了；由于生产规模小，无法采用先进的农业技术；由于生产规模小，无力最大限度地开发和利用无偿的自然力；由于生产规模小，无法形成合理的生产结构。所有这些，都限制了农业生产力的进一步提高。

如何解决个体经济在生产中形成的新矛盾和新问题，出路是发展互助合作社。一方面，通过互助合作的形式，可以帮助缺少劳动力、缺少农具、缺少耕牛及缺少其他生产资料的农户解决生产上的困难，防止获得了农地的贫困农民陷入高利贷的陷阱而重新失去土地，导致新的两极分化。另一方面，通过互助合作的形式，可以提高农民抵御自然灾害的能力。总之，互助合作道路能够提高农业生产力，适应工业化生产对农产品日益增长的需要。

---

① 毛泽东选集（第5卷）[M].北京：人民出版社，1977：181.

3.3.2 农业合作化的演进过程

我国农业合作化过程大致经历了互助组、初级合作社、高级合作社三个步骤，由于各地土地改革完成的时间有先有后，因而不同地区通过这三个步骤完成合作化的时间也不完全一致。从全国来说，互助组组织形式在土地改革进程中便与之相随，1953 年达到高潮；初级合作社的大量出现是从 1954 年春开始的，1955 年夏季开始掀起高潮；高级合作社从 1956 年春开始，全国仅用一年时间就基本实现了高级农业合作化。

（1）互助组

互助组的组织形式，在我国是与土地改革过程相伴的，1949 年之前，在老解放区就已经出现了互助组这种组织形式，1950 年全国参加互助组的农户达 1131.3 万户，成立了互助组 272.4 万个。1951 年 9 月通过《中共中央关于农业生产互助合作决议（草案）》，要求农村"要按照自愿和互利的原则发展农民互助合作"[①]，在此精神指导下，互助组形式便在完成了土地改革的地区发展起来，到 1952 年，全国成立了 802.6 万个互助组，参加农户 4536.4 万户。1953 年 2 月《中共中央关于农业生产互助合作决议（草案）》做了个别修改后，作为正式决议公布，从此，互助合作发展的过程便在"积极领导"指导思想下展开。

互助组形式的农地制度，对克服农民分散生产中所遇到的困难起了很好的作用。分得了土地的农民有发展个体经济的积极性，希望通过在自己的土地上辛勤劳动而发家致富。但是，生产中他们又发现自己面临着诸多无奈：或者劳动力不足，或者缺少生产工具，或者没有耕牛等。当自然灾害降临时，更是无能为力。他们深感个体经济力量单薄，经不起风险。个体经济不仅在生产上难以独立，在产品销售中也会遇到各种难以逾越的障碍，或者受到中间商人的盘剥，或者产品卖不出去。互助组这种组织形式既能满足农民发展经济的要求，又在相当程度上缓解了农民在生产和产品销售上的困难，受到

---

① 引自马齐彬，陈文斌，林蕴晖，等.中国共产党执政四十年（1949—1989）[M].北京：中共党史资料出版社，1989：39.

农民的欢迎。到 1953 年，参加互助组的农户占到了农户总数的 43.1%。

（2）初级合作社

1950 年，我国就已经成立了 18 个初级农业生产合作社，入社农户 187 户；1953 年发展到了 3634 个，入社农户 57188 户。1953 年 12 月，中共中央颁布了《关于发展农业生产合作社决议》，对实践中出现的初级社所表现出来的优越性做了概括，主要精神有：可以更合理地安排农地经营；可以更有效地使用劳动力；可以更好地使用农业先进技术；有利于农副渔业的全面发展；可以防止农村的两极分化、贫富悬殊；等等。为了在更大范围内发挥初级合作社的这些优越性，《决议》强调在农业合作化的指导方针上既要"稳步发展"，又要"积极领导"。

《关于发展农业生产合作社决议》的颁布对初级合作社的发展起到了推动作用，1954 年春天开始，大量的互助组转为合作社，到年底，合作社已经发展到 50 万个，入社农户占全国农户总数的 11%，农地面积占全国耕地总面积的 14%。1955 年夏季开始，全国掀起了第一个合作化高潮，其中心内容就是发展初级合作社，到年底，全国初级农业生产合作社达 190 多万个，入社农户 7500 多万户，占全国农户总数的 63% 左右。

（3）高级合作社

我国最早成立的一个高级农业生产合作社是在 1950 年，入社农户 32 户。高级农业生产合作社成立的高潮是 1956 年。

1956 年 1 月中央对合作化的发展提出了新的要求，要求 1956 年基本完成初级合作化，1958 年基本完成高级合作化。在这一背景下，1956 年春掀起了第二次合作化高潮，这次高潮的中心是发展高级农业生产合作社。在第二次合作化高潮中，各地可以说是以不寻常的速度迅速将初级农业生产合作社转为高级农业生产合作社。到 1956 年底，除少数民族地区和一些深山老林中的分散住户外，差不多都合作化了，入社农户 11738 万户，占农户总数的96.3%，其中高级社农户占全国农户总数的 87.8%，完成了农业社会主义改造的任务。

我国的农业社会主义改造原来计划用三个五年计划的时间，即用 15 年的时间，到 1967 年完成，实际只用了 5 年时间就完成了。合作化在这么短时间内完成，与政府意志和媒体舆论宣传存在较密切的关系。

就政府意志来说，当互助合作运动快速发展中出现了急躁冒进倾向，地方政府进行纠正之后，毛泽东于 1953 年 10 月、11 月在两次谈话中指出："'纠正急躁冒进'……吹倒了一些不应当吹倒的农业生产合作社。……到明年秋收前，合作社要发展到 3.2 万多个，1957 年可以发展到 70 万个，甚至 100 多万个。总之，既要办多，又要办好。"① 12 月，中共中央《关于发展农业生产合作社的决议》正式颁布，《决议》确定，1954 年秋季前农业生产合作社要求发展到 3.58 万多个，1957 年可以发展到 80 万个左右。合作社发展指标的下达，使得从 1954 年春季开始，互助组大量转为合作社。合作社在大量发展中出现了重量不重质的情况，由农村工作部主导，1955 年春季对农业生产合作社从组织和经济上进行了整顿，全国合作社缩减了约 2 万个。对合作社的整顿，毛泽东存在着不同的认识，在 7 月召开的省、市、自治区党委书记会议上，他批评在合作化问题上"我们的某些同志却像一个小脚女人"，"现在的情况，正是群众运动走在领导的前头，领导赶不上运动"。② 此后，各地纷纷加快合作化的进度，1955 年秋季以后，初级合作社大规模成立。1956 年 1 月，《1956 年到 1967 年全国农业发展纲要（草案）》通过，《纲要（草案）》要求 1956 年有 85% 左右的农户加入初级合作社，基本完成初级形式的农业合作化，基础较好的地区 1957 年基本完成高级形式的农业合作化，其他地区则要求在 1958 年基本完成高级形式的农业合作社。《纲要（草案）》同时强调，对于一切条件成熟了的初级社，应当分批分期地使它们转为高级社，不升级就会妨碍生产力的发展。1956 年春开始的以发展高级社为中心的第二次合作化高潮，就是在这样的形势下产生的。

就媒体舆论宣传来说，对农业合作化这一社会主义改造的重大事件，跟踪宣传是必然的。不管报纸、电台在报道农业合作化中的主观愿望如何，其

① 引自马齐彬，陈文斌，林蕴晖，等. 中国共产党执政四十年（1949—1989）[M].北京：中共党史资料出版社，1989：69.

② 毛泽东选集（第 5 卷）[M].北京：人民出版社，1977：168–169.

宣传导向都会对不同地区的合作化进程产生影响。特别是中央级的报纸和电台在报道某些农业合作化速度比较快的地区的消息后，对合作化速度发展比较慢的地区就会形成一定的压力，使这些地区人为地加快合作化的进程，导致各地在合作化速度上的相互竞赛。

尽管合作化的进程过急、过快，导致在工作中出现了一些缺点和偏差，遗留了一些问题，"但整个来说，在一个几亿人口的大国中比较顺利地实现了如此复杂、困难和深刻的社会变革，促进了工农业和整个国民经济的发展，这的确是伟大的历史性胜利"[①]。

3.3.3 合作化进程中的农地制度变迁与农业生产率

伴随农业合作化的进程，我国的农地制度也发生了变化。

（1）互助组形式的农地制度变化

互助组形式的农地制度从所有权看，与之前各家各户生产没有区别，农地仍然是农户私有；从经营权看，也没有发生变化，各农户仍然决定自己农地的生产决策，农地上生产什么产品，由各家各户自己说了算。其变化主要表现在：劳动的组织形式已经发生了改变，从农户各自独立劳动的形式转变为互助组成员集体劳动的形式，这同时使农地的使用权发生了一定程度的改变；收益权也发生了微小的变化，尽管农地收益主要部分仍然是归各农户所有，但由于互助组内部各户之间在耕牛、农具、劳动力等交换中往往出现不平衡，不能互相抵消的部分要用现金或实物来补偿。

（2）初级合作社的农地制度变化

初级合作社与互助组相比，农地制度的变化为：

第一，农地的经营权变了。尽管初级合作社的农地所有权没有发生变化，农地仍然是各农户私有，但是农地的经营权已经不归各农户，而是归合作社集体了，即各农户的农地入股到合作社，由合作社统一决定在农地上生产什么，生产多少以及什么时候生产，各农户分散经营转变为合作社集体经营。另外，即便是没有作价归公的耕牛及其他农具，这时也统一由集体安排使用。

① 引自十一届三中全会以来重要文献选读（上册）[M].北京：人民出版社，1987：307.

第二，收益权发生了较大的变化。合作社农地上的产品在扣除生产成本后就构成合作社集体的总收益，合作社集体总收益作如下分配：一部分向国家缴纳税收；一部分用于农地入股的分红；一部分用于私人生产资料的报酬；一部分用于集体的公积金、管理费用等；最后的部分用于劳动报酬的分配。显然，合作社集体的总收益有一部分是按生产要素分配，另一部分是按劳分配，按劳分配具有社会主义的性质。

第三，集体劳动的组织形式已完全固定化。在互助组形式中，已经存在集体劳动的形式，但是那时还没有完全固定，尤其是临时形式的互助组，只是在农忙的季节是集体劳动，即使是长年互助组，有些农户可以单独完成的作业，如平时的田间管理等，也并没有采用集体劳动的形式。但是，在初级合作社中，几乎所有的农活都是由集体来组织和安排的。

（3）高级合作社的农地制度变化

高级合作社是具有社会主义性质的合作经济组织，与初级合作社比较，其变化表现在：

第一，农地所有权由农户私有转变为合作社集体所有。这是农地制度在土地改革后发生的最重要的变化，农地所有权的这一变化，使得农村合作社集体内的任何人都不能凭借对农地的占有而获取收益，堵住了农户因出卖土地而重新陷入困境的通道，也解决了各农户耕地分散不便作业的困难。对农地所有权的这一变化，理论界目前存在着不同的认识。高级合作社不仅农地这一最重要的生产资料归集体所有，而且其他的各种生产要素，耕牛、农具等，也都是归合作社集体所有。

第二，合作社的组织规模和农地经营规模扩大了。初级合作社平均每社的农户数为 20 多户，高级合作社是由多个初级社合并组成，1957 年全国平均每个高级社为 158.6 户。显然，农户数量增加，合作社的组织规模随之相应扩大，经营规模权也随之扩大。根据《高级农业生产合作社示范章程》的规定，合作社农地的经营权是统一的，全年、一个季节或一个段落的生产计划都由合作社决定，生产队作为合作社劳动组织的基本单位没有经营权，不能决定生产队内农地的生产计划，只是一个执行计划的基层单位。

第三，农地收益权有了改变。收益权改变最重要的是取消了按生产要素分配的部分，用于分配给各农户的合作社总收益实行按劳分配。按劳分配的具体形式是：一方面对各种农活作业规定工作定额，并规定与之相对应的报酬标准；另一方面，对工作努力、超额完成工作定额的，要给予奖励，对工作懒散、不负责任的，要扣减劳动日，并加以处罚。

农业合作化的开展：一是国家工业化的要求，解决农村个体经济与工业化不适应的矛盾；二是农业生产力进一步发展的要求，解决农村个体经济及其发展中出现的新的困难和矛盾。总体说，合作化过程中形成的农地制度与当时的发展环境呈现出良好的适应性，获得了相对令人满意的成效，既推动了国内的工业化建设，也较好地解决了个体经济发展中农村出现的两极分化与生产中的其他困难，农业生产率在土地改革的基础上继续呈提高的趋势。图 3.2 反映了 1953 年至 1957 年我国每公顷农地农业生产率的变化，图 3.3 反映了 1953 年至 1957 年我国每人农业生产率的变化。

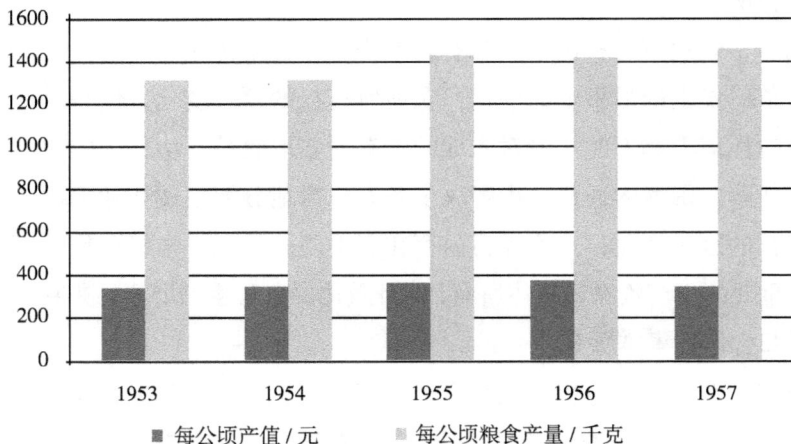

图3.2 1953—1957 年我国每公顷农地农业生产率

为了剔除价格变动因素对分析结果造成的影响，以 1952 年为基期采用 GDP 平减指数对农林牧渔业总产值变量进行调整[1]，这一阶段的农业生产率

---

[1] 本章后面对农林牧渔业总产值变量的分析，也采用平减后的农林牧渔业总产值。

虽有增长，但增长幅度较慢。从全国的数据来看，单位农作物播种面积在1953—1957年创造的农林牧渔业产值，由1953年的每公顷产值337元，增加到1956年的每公顷产值374元，年均增长5.37%，至1957年的每公顷产值又有所下降。单位粮食播种面积生产的粮食产量，1953年的每公顷粮食产量为1317千克，1957年增加到每公顷粮食产量1460千克，均增长3.48%。

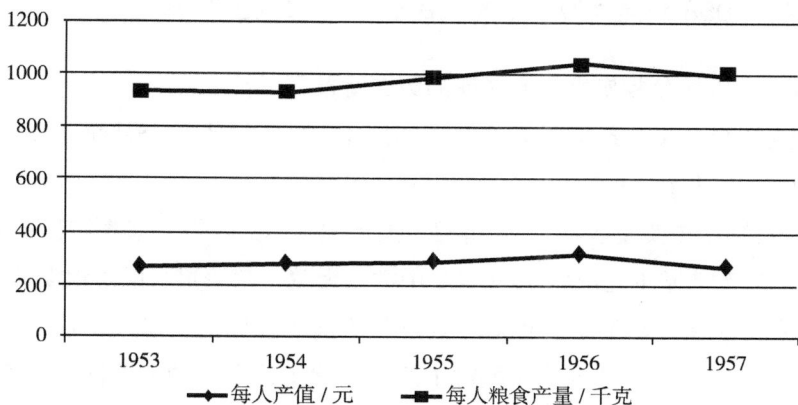

图3.3　1953—1957年我国每人农业生产率

从每个从业人员在1953—1957年创造的农林牧渔业产值来看，由1953年的每人产值274元，增加到1956年的每人产值321元，年均增长8.36%，到1957年，每人产值又有所下降。每个从业人员生产的粮食产量，由1953年的每人生产粮食940千克，增加到1957年的每人生产粮食1010千克，年均增长2.43%。

　　需要说明的是，1953—1957年这一时期农地制度变革是适应了经济发展要求的，但从图3.2、图3.3列出的经济指标来看，有的指标增长似乎不够理想，个别年份的指标还出现了下降。之所以出现这种情况，是因为农业生产受自然的影响非常大，而这一时期我国的农业生产恰恰受到了严重的自然灾害的影响。1953年、1954年我国农业遭受了严重的自然灾害，1953年受灾面积2342万公顷，1954年受灾面积3145万公顷；1956年我国遭遇了一次几十年以来最严重的自然灾害，受灾人口约7000万人，受灾农田面积约2.3亿亩。

尽管受到自然灾害的严重影响，由于农地制度变迁的积极作用，加上合作社集体兴修水利增强了抵御自然灾害的能力，所以整体上说，农业生产率还是提高了。1957年有的指标下降，可能与高级社刚成立，规模比初级社要大得多，经营权规模的扩大，使合作社干部无法适应，缺少领导几十户、几百户农民进行集体生产的经验，管理出现缺位有关。

3.4 1958年至1977年的人民公社与农业生产率

3.4.1 人民公社农地制度形成的历史背景

农业社会主义改造完成后的第二年即1957年，"人民公社化"就开始在国内酝酿。其主要历史背景有：

第一，国内主要矛盾转变，经济建设上产生了"急于求成"和"赶超"的思想。在社会主义改造基本完成的1956年，中共八大关于政治报告的决议明确提出，国内的主要矛盾，已经是人民对于建立先进的工业国的要求同落后的农业国的现实之间的矛盾，已经是人民对于经济文化迅速发展的需要同当前经济文化不能满足人民需要的状况之间的矛盾。就是说，国内的主要矛盾已经变为主要是发展经济，改变经济落后的状况，特别是农业落后的状况。

经过三年国民经济恢复和几年的社会主义改造，我国的国民经济虽然有了较快的发展，人民的生活水平有了一定的提高，但是，就整体而言，我国经济仍然很落后，农业还离不开"靠天吃饭"的境况，与主要资本主义国家的经济水平有很大差距。如何提升国民经济的水平及改善人民生活，是党和政府面临的紧迫任务，也是经济活动实践中要解决的首要问题。正是在这样的情形下，国内产生了"急于求成"和"赶超"的思想。1958年11月18日，毛泽东在社会主义国家共产党和工人党会议的发言中，提出"我们中国15年可能赶上或超过英国"，在时隔半年后召开的八届二中全会上，再次提出，经济建设"如果5年达到4000万吨钢，可能7年赶上英国，再加上8年就能赶上美国"。[1] 正是在这次会议上，通过了体现急于求成思想的"鼓足干劲、力争上游、多快好省地建设社会主义"的总路线。

第二，经济建设指导思想上存在"一大二公"，即规模越大越好、公有化程度越高越好的观念。马克思、恩格斯对社会主义的设想，是建立在商品经济高度发达的资本主义制度之上的，即便如此，对农业的社会主义改造也认为，"当我们掌握了国家权力的时候，我们决不会用暴力去剥夺小农（不论有无报偿，都一样）……我们对于小农的任务，首先是把他们的私人生产和私人占有变为合作社的生产和占有"，[2] 就是说，在存在小农经济的条件下，要把小农经济农地的私人占有变为合作社的集体占有。但是，一些同志不顾我国没有经历商品经济充分发展的历史阶段、生产力水平低的状况，认为公有化程度越高越好，全民所有制比集体所有制好，集体所有制建立以后要设法向全民所有制过渡。另外，还存在一种合作社的规模越大，公有化的程度就越高的认识，主张把合作社的规模搞大。实践中有的地方一个乡就是一个社，个别是甚至一个县就是一个社，对此，毛泽东也觉得好，认为"小社人少地少资金少，不能进行大规模的经营，不能使用机器。这种小社仍然束缚生产力的发展，不能停留太久，应当逐步合并，有的地方可以一乡为一个合作社，少数地方可以几乡为一个社"[3]。可以说，人民公社这种组织形式的形成，与"一大二公"观念有直接的关系。

第三，在大规模农田基本水利建设中，大范围、跨区域的农地规划和劳动力调配，萌生了建立政社合一且规模大的农村基层组织的构想。合作社建立的目的之一，就是要增强农民抗御自然灾害的能力，而农田水利建设是增强农民抗御自然灾害能力的重要手段。在合作社发展高潮中，1955 年冬和1956 年春全国组织了大规模的农田水利基本建设，收到了很大的成效，扩大了灌溉面积 1 亿亩，激发了更大规模地兴修水利建设的决心。1957 年 10 月全

① 引自马齐彬，陈文斌，林蕴晖，等.中国共产党执政四十年（1949—1989）[M].北京：中共党史资料出版社，1989：136，147.

② 马克思恩格斯选集（第4卷）[M].北京：人民出版社，1972：309-310.

③ 毛泽东选集（第5卷）[M].北京：人民出版社，1977：257.

国投入农田水利建设的农民达两三千万人，1958年1月达1亿人之多。农田水利基本建设有的涉及数乡甚至数县范围内的农地规划，劳动力有时也要跨乡、跨县进行调配。当时高级合作社的平均规模只有150多户，各合作社之间都是独立的集体经济主体，水利工程（包括渠道）所占用的农地面积与各合作社的受益面积往往不对等，加上当时也没有条件对不对等的农地面积和劳动力投入，按商品经济等价交换的原则进行补偿。在这种情况下，就萌生了调整合作社的规模、建立政社合一的农村基层组织来解决这一问题的构想，人民公社就是这样一种大规模的政社合一的组织。

第四，对生产力与生产关系的矛盾存在不正确的认识。马克思主义认为，生产力和生产关系是社会的一对基本矛盾，生产力决定生产关系，生产关系反作用于生产力。适应生产力发展水平的生产关系，对生产力的发展起推动作用；反过来，不适应生产力水平的生产关系，便阻碍生产力的发展。农村社会主义改造完成以后，主要的任务就是在生产关系的保护下发展生产力，但是，农业社会主义改造的胜利和"一五"计划所取得的成功，却使一部分同志对生产力和生产关系的认识出现了偏差，片面地拔高生产关系对生产力的促进作用，认为只要不断地变革生产关系，就能使生产力不断提高，因而主张公有制的不断升级。

3.4.2 人民公社农地制度的变迁

（1）人民公社农地制度的建立

人民公社这种组织形式是在合作社合并扩大的过程中产生的。1956年，一些地方出现了千户以上的高级合作社，受到中央的肯定。1958年初，各地开始大规模进行小社合并为大社的工作，最先是辽宁、广东，接着是河北、河南、浙江、江苏等省相继完成并社工作，基本上是一乡一社。合并起来的合作社，名称各异，有的叫集体农庄，有的叫农场，有的叫大社，到6月份，有的大社开始以"公社"命名。1958年7月1日和16日，陈伯达在《红旗》杂志第3期和第4期上分别发表了《全新的社会、全新的人》和《在毛泽东同志的旗帜下》两篇文章，主要思想是要在农村建成一个大的公社基层组织，公社组织实行农、工、商、学、兵一体化。不久，毛泽东于1958年8月6日和9日分别视察河南和山东时，表示"人民公社名字好""还是办人民公社好"。[①]8月29日，中共中央作出了《关于在农村建立人民公社问题的决议》，《决议》公布后，各地掀起了大办人民公社的高潮，到11月初，全国农村74万多个合作社合并成了26500多个人民公社，基本实现了人民公社化。

（2）1958年至1977年农地制度的变迁和调整

1958年人民公社化基本实现后，农地制度与高级合作社比较，发生了很大的变化，同时，这一时期的不同阶段，对农地制度又进行了几次调整，因此，不同阶段的农地制度也有区别。

① 1958年至1961年的农地制度变迁

首先，1958年至1961年农村土地的公有化程度显著提高。人民公社成立后，农地所有权从高级合作社转移到了人民公社手中，高级合作社的全国平均规模是150多户，而人民公社的全国平均规模则是4797户，少数以一县为一社的，农户数更是超过万户。农户数十倍地增加，农地数量也数十倍地增加，按照农地规模越大公有化程度越高的标准，显然，与高级合作社相比，农村土地的公有化程度是大大提高了，带上了若干全民所有制的成分。

其次，土地经营权集中于公社，经营规模扩大了。人民公社虽然有公社、生产大队和生产队三级组织，但是经营权在公社一级，全社范围内的农地种植计划、作物布局甚至田间管理等，全由公社安排，生产大队和生产队只能执行，社员无权过问，甚至劳动力也常常由公社统一调度。不仅如此，人民公社的计划被纳入国家的计划，服从国家的管理。

再次，农地的收益权发生了重大变化。农地收益权的变化体现在分配制度上，在高级合作社时，消费品实行按劳取酬的原则，中共中央《关于人民公社若干问题的决议》规定，人民公社实行工资制和供给制相结合的分配制度，工资和供给部分各占多少，各公社因情况不同而有所区别。对工资部分，工资等级一般可以分为六级至八级，最高工资可以等于最低工资的四倍，或者

---

① 赵德馨.中华人民共和国经济专题大事记（1949—1966）[M].郑州：河南人民出版社，1989：675.

倍数更多一点，但规定不要过于悬殊。供给部分主要是办好公共食堂，"吃饭不要钱"，这明显带有共产主义按需分配原则的萌芽。

② 1962 年农地制度的调整

在合作化的过程中，毛泽东曾把是否增产作为检验合作社是否成功的标准，指出"农业生产合作社，在生产上，必须比单干户和互助组增加农作物的产量。决不能老是等于单干户和互助组的产量，如果这样就失败了"[①]，合作化是否成功的标准，同样是人民公社是否成功的标准。1958 年人民公社成立后，1959 年、1960 年粮食产量连续下降，1961 年仍处于低迷状态，全国农林牧渔业总产值从 1959 年到 1961 年连续三年下降，整个国民经济处于困难时期。粮食产量和农林牧渔业总产值的下降，使得从 1959 年起人们就开始寻找农地制度调整的路子，有的提出要实行生产队的部分所有制；有的提出包产到户；有的提出以生产大队为基本核算单位等。从 1961 年 2 月起，针对人民公社存在的问题，毛泽东开始主持起草《农村人民公社工作条例》，到 1962 年 9 月，《条例（修正草案）》经中共八届八中全会通过并在实践中实行，这标志着农地制度的重大调整。调整内容主要包括以下三个方面：

第一，明确了农地的所有权。《条例（修正草案）》规定，凡是生产队范围内的农地，全部归生产队所有，不仅农地归生产队所有，而且劳动力也归生产队，由生产队支配，这是农地所有权的很大改变，生产队的土地所有权不再归公社所有。同时还规定，生产队可以将耕地面积的 5% ~ 7% 分给社员作为自留地使用，长期不变。另外，社员还可以在集体荒地上开荒，其面积也可以占耕地面积的 5% ~ 7%。

第二，生产队农地的经营权也发生了变化，从公社转回到了生产队手中。《条例（修正草案）》规定，生产队农地的种植、作物布局、生产计划等，都由生产队决定，公社和生产大队的建议也要经过生产队同意。同时，农户也取得了在自留地（包括开荒地）上的经营权。

---

① 引自中国农村发展研究中心，中国农业科学院农业经济研究所. 马克思恩格斯列宁斯大林毛泽东关于农业若干问题的部分论述［M］. 北京：中国农业出版社，1983：102.

第三，农地的收益权归生产队。《条例（修正草案）》规定，生产队是人民公社的基本核算单位，至少30年不变，生产队实行独立核算、自负盈亏。公社和生产大队若干年内不提取公积金、公益金。生产队的个人消费基金取消供给分配部分，全部实行各尽所能，按劳分配。

③ 1966年和1974年农地制度的两度动荡

1966年12月，"文化大革命"开始后，不仅农村的管理指挥系统陷入瘫痪，而且在农村实践中许多行之有效的政策被批斗和否定，也使农地制度发生了不利于生产力发展的逆转。首先，通过合队并社，扩大生产队和公社的规模，升级农地所有制的公有化程度。其次，随着基本核算单位向公社或大队过渡，生产队失去了部分农地的收益权，公社或大队通过互相调剂，将部分富队的收入调剂到穷队，富队的农民则失去一部分收入。再次，经营权向公社或大队集中，对生产的指挥采用指令性计划的形式。最后，取消社员的自留地，限制家庭副业，使农民原来在自留地上的经营权丧失。

1974年的"批林批孔"再一次使农地制度发生动荡，给农业生产造成了严重损害，1970年下半年中央采取了一系列措施，如：强调稳定"三级所有、队为基础"的基本制度；强调要贯彻按劳分配的原则；允许社员经营少量的自留地和家庭副业等来稳定农村政策。但是，1974年的"批林批孔"再一次使趋于稳定的农地制度遭到破坏。首先，在农地所有制上，搞"穷过渡"，鼓吹逐步提高集体经济的公有化程度。其次，割"资本主义尾巴"，没收自留地，农民失去自留地的经营权、失去家庭副业的经营权。再次，在农地收益的分配上，推行平均主义，反对实行定额计酬和超额奖励。最后，取消农产品的交易市场，认为商品经济的发展是资产阶级法权的表现。

3.4.3　农地制度变迁对农业生产率影响

1958年到1977年是我国农地制度变革频繁的时期，这一时期的大多数时间农地制度对农业生产率的提高产生了不利的影响。

在人民公社成立初期，农地的所有权、经营权与农地的使用权是分离的，农地所有权、经营权属于公社，农地使用权却在生产队。农业生产具有作业分散、空间大的特点，同时，劳动质量在平时又难于检验，只是体现在最终的收获成果上。因此，公社一级，甚至大队一级对生产基层单位的生产队实行监督，是一件十分困难的事情，更何况公社的规模很大，农地的经营规模也很大，生产队的数量众多，对所有生产队的生产活动进行监督就更是困难了。生产队在生产过程中，能不能发挥积极性和主动性，能不能把公社、大队的经营决策落实好，就只能看生产队干部和生产队社员的觉悟和自觉性了。问题是，公社的分配制度又阻碍了生产队积极性的发挥，阻碍着农业生产率的提高。因为公社是分配的主体，各生产大队和生产队都没有分配的主动权，经济效益好的生产大队和生产队，要将一部分收入调剂到收入低的生产大队和生产队，生产队社员的收入与生产队的经济效益不相联系，效益好不能多得，效益差不会少得。在这样的农地收益分配制度下，无论是自然条件好的生产队还是自然条件差的生产队，都不会有搞好生产的积极性，因为自然条件差的生产队，认为效益不好别的生产队会送过来；自然条件好的生产队，担心生产搞好了，产品会被别的生产队拿走。当时一些效益好、产量高的生产队出现隐瞒粮食产量的现象，就是怕粮食被别的生产队拿走的思想反映。

　　1962 年的农地制度调整，相对于人民公社原来的农地制度，对农业生产的发展和农业生产率的提高，起到了积极的推动作用。首先，农地所有权明确规定为属于生产队，使生产队更加热爱和珍惜农地，更充分有效地利用农地。因为农地所有权归生产队，农地主人的责任感、使命感便会在农民的心中重新燃起，保护好自己的农地、充分利用好自己的农地、让农地为自己生产出尽可能多的产品，是每个农地所有者的强烈愿望，也是农地所有者生产队的强烈愿望，而这种愿望在自己不是农地所有者时是不可能产生的。其次，农地的经营权、使用权回到生产队，能使农地得到更合理的、更有效的利用。在农地经营权归公社时，生产计划的制订是远离生产队的决策者公社管理委员会，种植安排、作物布局很难与每个生产队的不同情况完全吻合。现在，种植安排、作物布局等生产计划完全由熟悉情况的生产队来决策，其有效性可以说是情理之中了。再次，生产队是基本核算单位，独立核算、自负盈亏，生存的压力激励生产队把农地经营好。因为有盈余是生产队的，农民可以多分，盈余越多，农民分得越多；亏损了，农民自己承受，生活水平下降，亏损越多，生活水平下降越大。最后，生产队分给农户家庭的自留地经营权归各个农户家庭，在这部分土地上，农民投入所产生的收益全部归各农户，努力增加其产出不仅是农户的愿望，更会成为农民的行动。

1966 年以后农地制度的逆转，对农村生产力起了破坏作用，不利于农业生产率的提高。农地公有化程度的升级，基本核算单位从生产队向公社或大队过渡，农地的经营权回到公社或大队，几乎又回到了人民公社成立初期的状况，各生产队的收益（产出）与各生产队农民的利益相脱离，对农民生产积极性、主动性是一个极大的打击，之后连续几年农业总产值、主要农产品产量下降的事实证明了这一点。1970 年，政府推行的稳定农村经济的政策，使"三级所有、队为基础"、按劳分配、允许社员拥有少量自留地等政策重新得到贯彻，对扭转经济下滑起了重要作用，使农业生产率有了提升。但是，1974 年极"左"路线在农村的影响，特别是能激励农民生产积极性的农地制度遭到破坏，使农业生产又陷入了新的困境。

总体看，人民公社体制与我国当时生产力水平的发展之间有着很深的矛盾，不仅严重影响了农民的劳动积极性，也严重影响了农业生产率的提高。图 3.4 反映了 1958 年到 1977 年全国每公顷农地的农业生产率。这一阶段农业生产率的增长几乎处于停滞状态，而且存在着非常明显的波动，这种波动与上面的分析是一致的。单位农作物播种面积在 1958—1977 年创造的农林牧渔业产值，由 1958 年的每公顷产值 365 元，下降到 1960 年的每公顷产值 289 元，下降了 20.82%，之后每公顷的产值虽有所恢复，但到 1977 年每公顷产值仅为751 元，20 年间的年均增长率仅为 4.34%。单位粮食播种面积生产的粮食产量，由 1958 年每公顷粮食产量 1549 千克，1960 年下降到每公顷粮食产量 1175 千克，下降了 24.14%，之后处于一个缓慢上升的状况，1977 年的每公顷粮食产量为 2348 千克，20 年间的年均增长率仅为 2.48%。

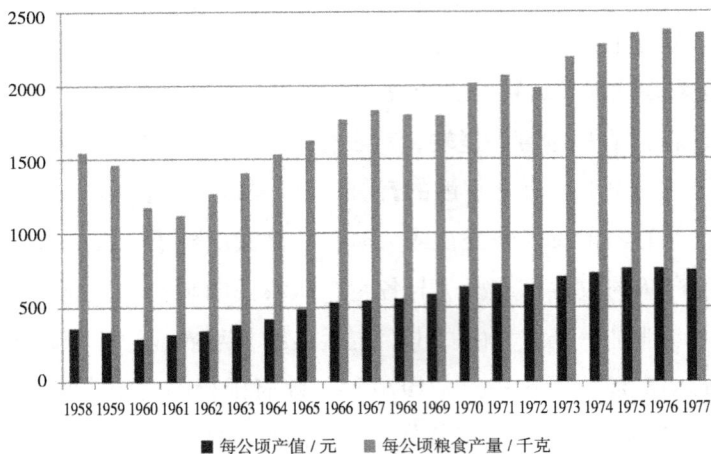

图 3.4　1958—1977 年我国每公顷农地农业生产率

　　图 3.5 反映了 1958 年到 1977 年全国农业从业人员的农业生产率。从每个从业人员在 1958—1977 年创造的农林牧渔业产值来看，由 1958 年的每人产值 358 元，下降到 1962 年的每人产值 228 元，下降了 36.40%，之后每人产值上升非常缓慢，1973 年后才恢复到 1958 年的水平，至 1977 年每人产值为 382 元，20 年间的年均增长率仅为 0.39%。每个从业人员生产的粮食产量，由 1958 年的每人产粮 1276 千克，下降到 1961 年的每人产粮 691 千克，下降了 45.83%，下降幅度非常之大，之后每人粮食产量水平恢复非常缓慢，至 1977 年也没有恢复到 1958 年的水平，1977 年每人粮食产量 964 千克。

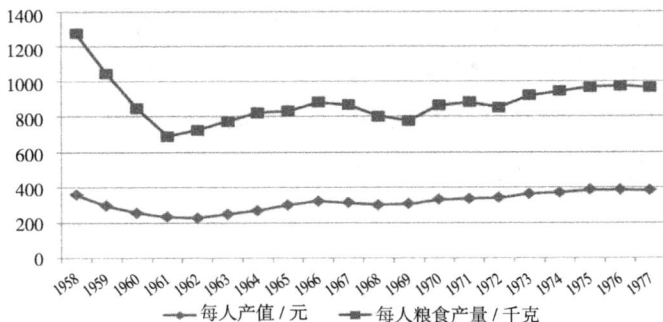

图 3.5　1958—1977 年我国农业从业人员农业生产率

3.5 1978 年至今的农地制度与农业生产率

3.5.1 家庭承包经营责任制农地制度的创立

家庭承包经营责任制是农民和农村工作者长期探索的结果。早在合作化时期的 1956 年，四川、广东、浙江等地的合作社都先后实行过各种形式的责任制，有的还一下子把包工包产包到了每个社员。邓子恢于 1956 年 4 月 2 日在全国农村工作部长会议上的讲话中，也提出要建立责任制，认为"包工包产势在必行"。[①] 但是，为加强合作社经营管理、把农民自身利益与直接劳动紧密结合在一起的责任制形式，在 1957 年的反右中却遭到批判，特别是包产到户，被批是路线、原则性错误。尽管各种责任制形式在理论上受到批判，但是它的好处还是吸引着农民，1958 年春季开始，湖北等地的一些农村，责任制又顽强地生长起来，为了避免犯包产到户的错误，各地采取了包工到户、责任到田、定额记工等形式。

人民公社成立后，集体组织的规模扩大了，建立有效的责任制显得极为紧迫，《关于人民公社若干问题的决议》强调，生产队的作业任务要继续实行过去行之有效的包干责任制，要加强对劳动的监督检查，并根据劳动的质量和效率实行奖罚制度。1959 年，我国进入三年经济困难时期，在粮食短缺普遍存在的情形下，包产到户的责任制形式又开始在许多地方出现，不过夏季在庐山会议上展开的反对右倾机会主义的斗争，这种责任制形式又遭到批判。1960 年，我国遭受了百年未遇的旱灾，粮食产量大幅下降，许多地方出现饥荒，对农业政策进行调整成为当时政府工作的重点。中共中央于 11 月发出《关于农村人民公社当前政策问题的紧急指示信》，重申生产队实行包产、包工、包成本和超产奖励制度，强调三包必须落实，奖罚必须兑现。1961 年 3 月通过的《农村人民公社工作条例（草案）》，进一步规定生产队为了便于组织生产，要划分临时的或者固定的作业小组，划分地段，实行季节的或者小段的包工，建立严格的田间管理责任制。在落实《条例（草案）》的实践中，安徽等许多

---

① 马齐彬，陈文斌，林蕴晖，等. 中国共产党执政四十年（1949—1989）[M]. 北京：中共党史资料出版社，1989：112.

省份的干部群众突破了"左"的思想束缚，由包工包产到生产队发展到包产到组，甚至有的地方包产到户。尽管全国各地在实践中推行的各种形式的农业生产责任制，特别是包产到户的责任制形式，在实践中为渡过三年困难时期起了重要作用，但是，这种形式的责任制与人民公社的体制存在着矛盾，因此，从1961年9月起开始对包产到户叫停。1962年8月，毛泽东在北戴河会议上做了阶级、形势和矛盾问题的讲话，之后，包产到户便与阶级斗争问题联系了起来，被彻底否定。否定集体经济内部的责任制，对我国的农业生产造成了极大伤害，到1978年，粮食产量还没有过关，人们吃饭还要凭粮票。

1978年，是我国政治、经济生活发生重要转折的一年。5月起，全国展开的真理标准大讨论，明确了实践是检验真理的唯一标准，也是检验党的政策的唯一标准，带来了人们思想的大解放。农民走在了思想解放的前面，1978年夏季，安徽、四川等地，包产到组、包产到户等责任制形式又在农村顽强地出现了。11月召开的党的十一届三中全会对国家的大政方针做出重大调整，决定把全党的工作重点转移到经济建设上来、各项工作必须以发展生产力为中心，从两个方面推动着农业政策、农地制度的变革，一方面是农民的实践更为大胆，另一方面是农业政策更加宽松，这两方面相互作用，把农地制度的变革引向纵深。

在十一届三中全会以前，绝大多数的生产队推行的是政策允许的定额记工、包工到组等责任制形式，极少数是包产到组的，基本不敢触犯"包产到户"这根红线。就是包产到户的，也都采用了变通的提法，或采取秘密的形式，对外保密。如安徽省一些地方实际上实行的是"包产到户"，却用了"借地于民"的名称；凤阳县小岗生产队18户农民为分田到户签订"秘密协议"。但是，在十一届三中全会以后，尽管政策上还没有承认包产到组、包产到户责任制形式的合法性，但这种形式的责任制却在各地开始蔓延。农民的实践推动着决策者认识和国家政策变化，1979年9月通过的《中共中央关于加快农业发展若干问题的决定》，将过去文件中规定的"不许包产到户"改为"不要包产到户"，不仅对包产到户的态度缓和了，而且还允许边远山区、交通不便的单家独户，可以实行包产到户，这是政策层面第一次承认可以搞包产到户责任制形式，尽管在条件上做了严格的限制。1980年9月中共中央发出《关于进一步加强和完善农业生产责任制的几个问题》的通知，进一步放宽了包产到户的条件，认为各生产队，只要是群众愿意，也可以实行包产到户、包干到户的责任制形式，并说包产到户、包干到户不可怕，与资本主义没有关系。"双包"责任制形式在农村进一步推广，从1980年1月到1981年10月，不到两年时间，全国包产到户的比例从1.0%增加到7.1%，包干到户的比例由0.01%增加到33%，两者加起来超过40%。

1981年12月，中共中央召开农村工作座谈会，主要讨论了农业生产责任制问题，形成了《全国农村工作会议纪要》。1982年1月1日《纪要》作为中央一号文件发出，充分肯定了各种责任制形式的积极作用，不仅克服了集体经济中长期存在的"吃大锅饭"的问题，还带动了生产关系的部分调整，强调各种责任制形式，包括"双包"责任制形式，都是社会主义集体经济的生产责任制，是社会主义农业经济的组成部分，凡实行了"双包"责任制形式的地方，只要群众不要求改变，就不要动。1982年的中央一号文件第一次肯定了"双包"责任制是社会主义性质，彻底摘掉了人们思想上阻碍"双包"责任制在实践中发展的紧箍咒，这对推动"双包"责任制的发展起了特别重要的作用，成为农地制度变革的重要转折点。到1982年6月，全国农村实行"双包"责任制的生产队已达到71.9%，其中实行包干到户的生产队占全国生产队总数的67%。1983年的中央一号文件，继续肯定"双包"责任制是我国农民的伟大创造，鉴于"双包"责任制是集体经营和家庭经营的双层经营体制，以家庭经营为主，因此，该文件第一次将"双包"责任制称为"联产承包制"，或"家庭联产承包责任制"。文件特别指出，这种分散经营和统一经营相结合的经营方式具有广泛的适应性，凡是群众要求实行这种办法的地方，都应当积极支持，不仅在经济落后地区可以实行，在发达地区也可以推广。"双包"责任制向经济发达地区推广，使联产承包责任制迈向了一个新的阶段。到1984年，实行家庭联产承包责任制的生产队占到了生产队总数的96.6%。至此，家庭联产承包责任制已经成为我国农村集体经济的基本形式，即家庭联产承包责任制的农地制度创立。

3.5.2 家庭承包经营责任制农地制度的变迁

家庭承包经营的农地制度从产权结构角度看，核心是农地的所有权、承包权和经营权。随着所有权、承包权、经营权主体的变化，会引发出一些其他的权利，如农地的流转权、继承权等。另外，所有权、承包权、经营权主体的变化，也会导致农地的经营组织形式、经营规模及国家的政策法规的变化。这一时期对农地制度变迁的分析，以所有权、承包权、经营权的变迁为主线。

（1）家庭承包经营责任制创立时的农地制度

首先，农地所有权基本归村民小组农民集体，少数属村委会农民集体。1984年，家庭承包经营责任制的变革已经在全国完成，这时的农地所有权无论从政策规定还是从实际情况看，明确是归村民小组集体所有，只有少数地方，基于特殊原因，群众同意将农地的所有权属村委会集体。本来对农地所有权，早在1962年就已经明确，生产队范围内的土地，都归生产队所有；[①]但是在"文化大革命"期间，鼓吹"穷过渡"，甚至鼓吹集体所有制向全民所有制过渡，导致相当一部分地方的农地所有权事实上归生产大队和公社所有。1978年，党的十一届三中全会以后，中央多次反复重申农地所有权归生产队的政策，并在实践上得到了落实。从家庭承包责任制创立以后，农地所有权归村民小组（少数是归村委会）集体所有的制度始终坚持着，一直没有发生变化。有一种疑问，认为1949年到1952年土地改革中确立的农民土地私有制，实现了农民对农地所有权、经营权和收益权的统一，调动了农民的积极性，提高了农业生产的效率，而"合作化"和"人民公社"体制不适应农村生产力的状况，不利于农业生产的发展，为什么从1978年开始的农村改革，要坚持农地的集体所有制性质，而不回到原来的将农地归农民私有？这是因为，土地改革的任务是为了巩固新生政权，完成民主革命的任务，实现耕者有其田。这时的农地农民私有能提高农业生产率，是相对于封建的地主农地

---

① 在人民公社时期实行的是三级管理架构：公社、生产大队和生产小队。1983年，人民公社解体后，公社改为乡镇，生产大队改为村民委员会，生产队改为村民小组。家庭承包经营责任制创立时是在生产队范围内分田到户的，1983年以后，承包农地的调整是在村民小组内进行的，据此可以认定农地的所有权事实上一直没有变化。

所有制而言，能极大地激发出农民的生产积极性。1978 年以后，中央仍强调坚持农地集体公有的性质不变：第一，这是由我国的国情所决定的。我国人多地少，人均耕地只有世界人均耕地的三分之一，实行土地私有化，国家将难以对农地的使用进行宏观调控，无法保证近 10 亿人口（1978 年全国人口 9.63 亿人）的粮食供给。第二，社会主义制度也不能建立在农地全面私有化的基础上。不同的社会制度有不同的所有制经济基础，1952 年之前我国还处于民主革命时期，其所有制基础可以是私有制，而 1956 年以后我国已经进入社会主义初级阶段，其所有制基础应该以公有制为主。第三，如果实行农地私有化，将会产生严重的后果，不论是把农地卖给农民，还是把农地平均分给农民，最后的结果都将是大量的农地集中到少数人手中，出现解放初期土改后一部分人重新失去生活保障的情况，这是在社会主义集体所有制下生活了 20 多年的农民所不愿意看到的，也是政府所不愿意看到的。

其次，农地的承包权和经营权统一属于土地承包的农户。这是农地制度从合作化以来所发生的最重要，也是最深刻的变化。在农地上种什么、怎么种等生产计划，再也不是由集体决定，劳动力也不是由集体来安排，这些权利改为由农地承包的农户自己决定，农民可以根据自身利益最大化的要求，决定承包农地的种植计划和劳力安排。

最后，农地收益与承包农户关系直接。根据农地承包农户与村民小组签订的承包合同，承包农户在完成上交国家的任务、向村民小组缴纳规定的提留费用之后，全部收益都归自己，即"交够国家的、留足集体的，剩下都是自己的"。

（2）农地承包期限的三次调整

1978 年以后，随着农村经济形势的变化，对农地承包期限进行了三次调整。第一次是在 1984 年，中央决定将农地承包期延长到 15 年。在家庭经营承包制刚创立时，生产队对各户承包的农地经常进行调整，有的甚至 1 年调整一次，这不利于农户对农地的合理利用，也不利于对土地的长效投资。同时，农民还存在家庭承包经营制度会不会改变的疑虑，害怕政策多变。为了消除农民的思想疑虑和农地政策频繁调整带来的负面影响，《中共中央关于一九八四年农村工作的通知》对农地的承包期首次做了明确的规定，即农地承包期一般应在 15 年以上，开发性的项目和生产周期长的项目承包期还应更长一些。第二次调整是 1993 年，中央决定在原农地承包期到期后，再延长 30 年。有些从 1978 年开始家庭承包经营的地方，1993 年已到 15 年的承包期，农民大多希望继续对农地实行家庭承包经营，为了稳定农村政策、延续农地制度，在 1993 年 10 月召开的农村工作会议上，决定农地承包期在原定承包期到期之后，再延长 30 年不变。这一政策规定，在 1998 年修订的《土地管理法》、2002 年颁布的《农村土地承包法》和 2007 年颁布的《物权法》中，从法律上进一步加以确立。第三次是 2017 年，第二轮农地承包到期后再延长 30 年，保持农地承包关系稳定并长久不变。农地承包期限的三次调整对农地的所有权、经营权和收益权都没有产生影响，但是稳定了农地制度，因而会影响农民对农地的利用。

（3）1994 年提出农地承包经营权流转和 2014 年确立农地"三权分置"

家庭承包经营责任制实行以后，劳动效率提高，农村劳动力开始产生剩余，20 世纪 80 年代初"农民工"就出现了。特别是 1984 年以后，随着乡镇企业的发展，农民工数量不断增加，到 1988 年，农民工总量在 1.2 亿人左右，外出农民工约 3000 万人；2017 年全国农民工总量达 28652 万人，其中外出农民工 17185 万人。在农民工中，有的全家劳力都在外打工，有的甚至举家到城市生活，家中承包的农地无力耕种，农地的流转应运而生，截至 2015 年底，全国家庭承包经营耕地流转面积 4.43 亿亩，占耕地承包面积的 33.3%。根据农地流转客观需要的事实，1994 年 12 月农业部发布《关于稳定和完善土地承包关系的意见》，允许承包方在承包期内，对承包标的依法转包、转让、互换、入股，其合法权益受法律保护。这是政策首次公开确认农地承包经营权可以流转。农地承包经营权在流转中，实际上已经存在农地承包权和经营权的分离，因为无论是把农地以转包、入股、合作、租赁等有偿方式出让经营权，还是以无偿方式转让经营权，农地的承包权还是归原农地承包者。2014 年 11 月，中共中央办公厅、国务院办公厅印发的《关于引导农村土地经营权有序流转发展农业适度规模经营的意见》提出，坚持农村土地集体所有，实现所有权、承包权、经营权三权分置。农地承包经营权流转和农地所有权、承包权、经营权"三权分置"后，农地制度发生了三方面的变化。第一，与农地相关的经济主体由过去的所有权者村民小组和承包经营者农户两个，变成了现在的农地所有权者村民小组、农地承包者农户和农地的经营者三个，承包经营权分离为承包权和经营权。第二，与承包经营权分离相联系，农地的收益权也发生了变化。除农地所有者应获得的收益不变外，承包者则根据农地经营权转让的协议，得到按协议规定农地经营者给他的农地租金或经营权转让金。农地经营者的总收益，在扣除了原承包者所承担的全部费用（包括向国家缴纳的税金、向集体缴纳的提留等）和向承包者缴纳的租金或转让费后，剩下的全是自己的收益。第三，农地的经营规模一般也扩大了，因为在农地经营权的流转中，农地一般是向专业种植户、家庭农场或股份合作组织集中。

（4）2004年的粮食直补和2006年的取消农业税

为了激励农民种粮的积极性，2003年，国务院决定从2004年起对粮食实行直补，每年不少于100亿元。2005年12月的全国人大常委会上，通过了废止《中华人民共和国农业税条例》的决定，从2006年1月1日起取消农业税，使在我国农村实行了两千年之久的农业税终结。粮食直补和农业税的终结，降低了农业生产的成本，减轻了农地经营者的负担，增加了农民的收益。

3.5.3　家庭承包经营农地制度对农业生产率的影响

家庭承包双层经营的农地制度在实行之初，由于农户获得了对农地的经营权，农户利益与农地收益直接相联，极大地激发出长期蕴藏在家庭这个层面的生产积极性，同时消除了过去集体统一经营时的种种弊端，因此，在生产技术等条件不变的情况下，从1978年到1984年粮食生产连续以较快速度增长。但是，也要看到，农地制度仅仅调动家庭这个层面的经营积极性是不够的，家庭承包分散经营能够解决农民的温饱问题，但无力解决农民的致富问题、无力解决农业的现代化问题。因为随着市场化改革的深入、农业现代科技的不断发展，各农户分散独立经营市场风险大、交易成本高、产品销售困难；不利于新技术的采用和推广，产品数量、质量难以进一步提高；不利于农田水利设施建设，抗御自然灾害的能力降低；经营规模小，达不到规模效益，收入难以上一个新的台阶；等等。因此，在调动农户家庭经营积极性的同时，也应发挥集体层面在信息获取、技术推广、农田水利设施建设等方面的积极性，发挥国家政策法规在完善农地制度过程中的导向作用。农地制度正是在不断发现问题、解决问题的前行中逐渐趋于完善，因而农业生产率也在总体提高的过程中呈现出阶段性。

1984年、1993年和2017年三次对农地的承包期做出调整，对稳定农村政策起了重要作用，但是，由于农业受自然条件的影响很大，农产品价格受供求关系的影响以及农业政策等的作用，农业生产率在实践中也会有波动。1978年以后连续几年的农业大丰收，导致了1984年的"卖粮难"，粮食价格下跌，使决策者产生错觉，认为农业已经过关。于是在1985年实行粮改，粮食的收购价格低于市场价格，挫伤了农民生产粮食的积极性。同时，减少粮食的播种面积，加上全国改革的重点从1985年起从农村转向城市，结果粮食减产，降幅达6.9%。为了刺激农业生产的积极性，1987年到1989年国家连续3年提高了粮食等重要农产品的收购价格，并于1987年开始实施粮食合同定购与供应平价化肥、柴油和预发预购定金"三挂钩"的政策，因而从1987年到2015年的20多年间，除遭受严重自然灾害导致一些年份粮食减产外，粮食产量一直呈上升趋势。2016年、2017年全国粮食产量略有下降，则主要是受农产品价格下跌、农民收益下降及进口粮食冲击的影响。农民收益下降导致许多地方出现耕地撂荒，是从1985年以后我国粮食产量出现震荡的一个重要原因。

农业生产一直处于稳定发展过程、粮食等主要农产品呈增产态势，与1994年确立农地承包经营权的流转和2004年的粮食直补、2006年的取消农业税也有关系。农地经营权的流转使相当部分农地集中到了种植大户和各种形式的合作社手中，这一方面使农业生产的规模效益提高，另一方面也在一定程度上降低了个体生产者在信息获取、技术应用中的障碍，促进了农业生产率提高。粮食直补、取消农业税后，农业生产的成本随之降低，也会在一定程度上提高农户的生产积极性，2004年到2015年我国粮食连续12年增产，或与此有关。至于2014年的农地"三权分置"，因时间太短，其效果要通过以后的实践检验。

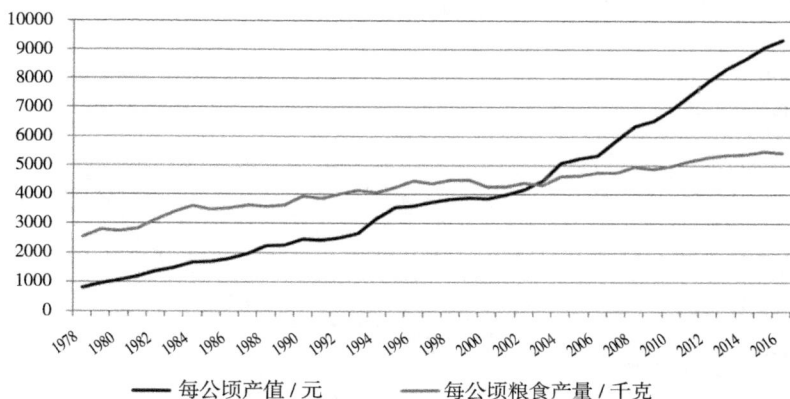

图 3.6　1978—2016 年我国每公顷农地农业生产率

图 3.6 反映了 1978 年至 2016 年每公顷农地的农业生产率，这一阶段的农业生产率整体增长迅速。从全国的数据来看，单位农作物播种面积在 1978—2016 年创造农林牧渔业产值，由 1978 年的每公顷产值 810 元，增长到 2016 年的每公顷产值 9331 元，增长了 1051.66%，39 年间的年均增长率达到 6.83%，每公顷农作物播种面积产值持续增长。单位粮食播种面积生产的粮食产量，1978 年为每公顷 2527 千克，2016 年为每公顷 5452 千克，增长了 115.72%，39 年间的年均增长率为 2.10%，每公顷粮食产量在实行家族承包责任制的初期增长较快，1984 年的每公顷粮食产量较 1978 年上升了 42.77%，之后每公顷粮食产量震荡上行。

图 3.7 反映了 1978 年到 2016 年我国农业从业人员的农业生产率，每个从业人员创造的农林牧渔业产值，由 1978 年的 429 元，增长到 2016 年的 7234 元，增长了 1584.39%，39 年间的年均增长率达到了 7.93%，在 2004 年实行粮食直补后，每人产值更是有了明显提升，从绝对量来看，2003 年比 1978 年的每人产值提高了 1457 元，而 2016 年与 2003 年相比，每人产值提高了 5347 元。每个从业人员生产的粮食产量，从 1978 年的 1076 千克，到 2016 年的 2867 千克，增长了 166.38%，在 2004 年实行粮食直补后，每人粮食产量更是有了明显提升，从绝对量来看，2003 年与 1978 年相比，每人粮食产量仅提高了 113 千克，

而 2016 年与 2003 年相比，每人粮食产量提高了 1677 千克。可见，粮食直补政策对农业生产率的提升作用十分明显。

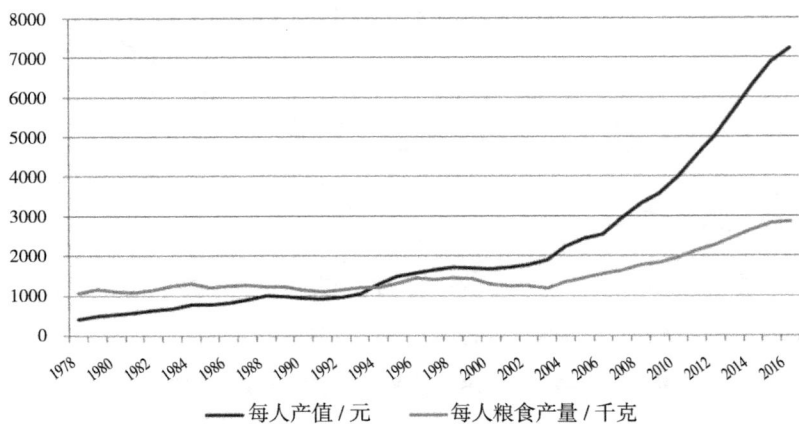

图 3.7　1978—2016 年我国农业从业人员农业生产率

第 4 章

农业生产率测算——基于全要素生产率研究

本章采用异质性面板随机边界模型测算全国农业生产率，首先介绍异质性面板随机边界模型，其次说明模型采用的变量和数据的来源，再对模型进行检验并估计结果，最后对我国东、中、西部地区的农业生产率进行比较分析。软件采用 Stata 15.1。

4.1 研究模型及估算方法

4.1.1 农业生产率测算方法回顾

Fan 和 Zhang（2002）采用我国 25 个省份 1978 年至 1997 年的数据，以农林牧渔业的总产值变量为因变量，以劳动、土地、机械等为自变量，用增长核算方法对全要素生产率进行计算，发现我国各省份的农业全要素生产率并不一致，最具有领先优势的反而是广西等地。

李静和孟令杰（2006）采用我国 30 个省份 1978 年至 2004 年的数据，以第一产业增加值变量为因变量，以劳动、机械、灌溉、化肥、土地、大牲畜等为自变量，用 HMB 指数方法对全要素生产率进行计算，发现从总体来看，我国各地的农业全要素生产率差异较大，东部地区增长要快于中西部地区。

赵蕾等（2007）采用我国 28 个省份 1980 年至 2003 年的数据，以主要农产品产值为因变量，以播种面积、用工量、化肥费用、其他物质费用等为自变量，用 Malmquist 方法对全要素生产率进行计算，得出的结论为，从省际农业生产率的角度，条件收敛是存在的。

曾先峰和李国平（2008）采用我国 28 个省份 1980 年至 2005 年的数据，以农业生产总值为因变量，以机械、化肥、劳动力、灌溉面积等为自变量，用 DEA-Malmquist 方法对全要素生产率进行计算，得出的结论为，西部、中部、东部地区的农业全要素生产率依次递增，并且逐渐趋于收敛。石慧等（2008）采用我国 28 个省份 1985 年至 2008 年的数据，以单位耕地的农业总值为因变量，以劳动力、中间投入、生产性固定资产等为自变量，用随机边界方法对全要素生产率进行计算，从农业技术进步与技术效率角度来看，各地区存在的差异进一步缩小。

周端明（2009）采用我国 29 个省份 1978 年至 2005 年的数据，以第一产业增加值为因变量，以机械、劳动力、役畜、化肥、土地等为自变量，用 DEA-Malmquist 方法对全要素生产率进行计算，得出的结论为，农业全要素生产率增长各地发展并不平衡，西部、中部、东部地区的农业全要素生产率依次递增。全炯振（2009）采用我国 30 个省份 1978 年至 2007 年的数据，以农林牧渔业总产值为因变量，以机械、劳动力、土地、化肥等为自变量，用 Malmquist 方法对全要素生产率进行计算，得出的结论为，技术进步可以带动全要素生产率的变化，同样认为西部、中部、东部地区的农业全要素生产率依次递增。

方福前和张艳丽（2010）采用我国 29 个省份 1991 年至 2008 年的数据，以粮食产量、农业生产总值为因变量，以化肥、劳动力、土地、农村用电量等变量为自变量，用 Malmquist 方法对全要素生产率进行计算，得出有别于前人的研究结论，在农业全要素生产率方面，西部地区要高于东部与中部地区，在差异方面中部地区最大。

李谷成等（2011）采用我国 28 个省份 1978 年至 2008 年的数据，以农林牧渔业总产值为因变量，用 Malmquist-Luenberger 指数方法对全要素生产率进行计算，同样发现西部、中部、东部地区的农业全要素生产率依次递增现象。王兵等（2011）采用我国 31 个省份 1995 年至 2008 年的数据，以农林牧渔业总产值为因变量，用 SBM 方向性距离函数方法对全要素生产率进行计算，同样发现西部、中部、东部地区的农业全要素生产率依次递增现象，并且教育对全要素生产率产生正面影响。余康等（2011）采用我国28个省份1988年至2008年的数据，以农林牧渔业总产值为因变量，用随机边界方法对全要素生产率进行计算，得到的结论为，各省（区、市）的农业劳动生产率受到全要素生产率和劳均物质资本的影响。Xin和Qin（2011）采用我国30个省份1978年至2005年的数据，以农林牧渔业总产值为因变量，用Malmquist指数方法对全要素生产率进行计算，发现在农业发展受到全要素生产率的贡献度方面，中西部地区明显低于东部地区。

匡远凤（2012）采用我国31个省份1988年至2009年的数据，同样以农林牧渔业总产值为因变量，用随机边界方法对全要素生产率进行计算，认为西部、中部、东部地区的农业全要素生产率依次递增，并且收敛性是多元的。

郭萍等（2013）采用我国29个省份1988年至2007年的数据，以经济与粮食作物为因变量，用Fare-Primont指数法对全要素生产率进行计算，发现29个省份的农业全要素生产率呈现上下波动的情况。韩海彬和赵丽芬（2013）采用我国29个省份1993年至2010年的数据，以农林牧渔业总产值为因变量，用Malmquist-Luenberger指数方法对全要素生产率进行计算，同样发现西部、中部、东部地区的农业全要素生产率依次递增现象。

葛静芳、李谷成等（2016）采用我国28个省份1985年至2013年的数据，测算了我国的农业全要素生产率，并采用方差分解法对生产率进行了分解，结果发现地区之间的差距进一步扩大。

李晓阳和许属琴（2017）采用我国各省份1993年至2014年的数据，测算了我国农业全要素生产率的变迁情况，结果发现从整体上来看，农业全要素生产率呈现一个稳步增长的情况，并且区域的差异也很明显，农业效率受技术变化效应的影响显著。

王留鑫和洪名勇（2018）采用我国各省份建立的面板数据，时间跨度为1997至2014年，运用超越对数的随机边界模型测算出我国农业全要素生产率波动明显，地区差异显著。

通过文献梳理可以发现，以往的研究采用了多种方法计算全要素生产率，主要包括随机边界模型分析方法、DEA-Malmquist分析方法等。但上述采用的研究方法，无法对制度约束造成的农业生产效率的损失进行估算，也没有研究不确定性对农业种植行为的影响，而异质性的面板随机边界模型则可以同时对这两项内容进行分析，本章就采用该模型分析研究农业全要素生产率。

4.1.2　研究模型介绍

自 Meeusen & van den Broeck（1977）以及 Aigner, Lovell & Schmidt（1977）发表了开创性的文章以来，随机边界模型越来越受到研究者的重视，这类模型已成为效率分析的流行工具。随机边界模型通常基于以下假设：生产单元由于受到制度制约等因素的影响，从而使得生产的技术效率有所损失，产出并不能达到理想情形。随机边界模型的理念是没有经济主体能够超越理想的"边界"，偏离这个最优边界代表着个体的无效率。从模型设定的角度来说，这个假设通常是通过给定一个以复合误差项为特征的回归模型来体现，其中一个单项的误差项代表效率的损失。无论是横截面数据还是面板数据，估计生产或成本边界，随机边界模型通常都是通过基于最大似然法（MLE）的方法进行的。

最近的一系列研究对原始的随机边界模型进行了重新构造和扩展，从而带动了该模型应用范围的扩大，Greene（2012）的一项研究成果对这些模型进行了详细的回顾。

我国农业生产的随机边界生产函数模型可以设定如下：

$$Y_{it}=F（X_{it}\beta）*\exp（v_{it}-u_{it}）\tag{4.1}$$

对式（4.1）两边取自然对数可以得到

$$\ln Y_{it}=\ln F（X_{it}\beta）+v_{it}-u_{it}\tag{4.2}$$

式（4.2）中的 Y_{it} 代表产出变量；X_{it} 代表投入变量；β 为投入变量的系数；v_{it} 代表通常意义上的随机干扰项，并且满足 $v_{it}\sim i.i.d.N（0,\sigma_v^2）$；$u_{it}$ 代表由于制度约束导致的农业产出的损失，该变量的分布特征为单边分布，假定它服从非负的截断型半正态分布，分布函数为 $u_{it}\sim N^+（\omega_{it},\sigma_{it}^2）$；$v_{it}$ 和 u_{it} 的相关性为 0。u_{it} 为随机变量，在 u_{it} 的分布函数中，ω_{it} 参数反映的是其他变量对制度约束造成的影响，代表制度约束导致的农业实际产出与前沿产出的偏离程度，也即制度约束的大小；σ_{it}^2 参数反映的是农业实际产出与前沿产出的偏离不确定程度，反映的是产出的稳定性。借鉴连玉君与苏治（2009）对 u_{it} 的分布函数做异质性的设定如下：

$$
\begin{cases}
\omega_{it}=\exp\left(b_0+Z'_{it}\,\delta\right) \\
\sigma^2_{it}=\exp\left(b_1+W'_{it}\,\gamma\right)
\end{cases}
\tag{4.3}
$$

式（4.3）中的 b_0 和 b_1 代表常数项，Z_{it} 和 W_{it} 为外生变量构成的向量。根据式（4.3）的设定，σ^2_{it} 并不是一个常数项，其存在着异质性。通过式（4.3）可以分析外生变量对制度约束的影响，带来的非效率程度，也可以分析外生变量对农业产出稳定性的影响。显然异质性面板随机边界模型具有一般的随机边界模型所不具备的优势，这是对前期研究的一项重要改进。

4.1.3　模型估计与效率衡量

由式（4.2）和式（4.3）构成的异质性面板随机边界模型，包含了通常意义上的随机干扰项和非效率随机变量，该模型可采用最大似然法进行估计，要估计的对数似然函数可以表示为：

$$
\begin{aligned}
\ln L = &-0.5\ln\left(\sigma^2_v+\sigma^2_{it}\right)+\ln\left[\phi\left(\varepsilon_{it}+\omega_{it}\right)\big/\sqrt{\sigma^2_v+\sigma^2_{it}}\right] \\
&-\ln\left[\Phi\left(\omega_{it}/\sigma_{it}\right)\right]+\ln\left[\Phi\left(\tilde{\omega}_{it}/\tilde{\sigma}_{it}\right)\right]
\end{aligned}
\tag{4.4}
$$

式（4.4）中的 $\tilde{\omega}_{it}=\left(\sigma^2_v\omega_{it}-\sigma^2_{it}\varepsilon_{it}\right)\big/\left(\sigma^2_v+\sigma^2_{it}\right)$，$\tilde{\sigma}_{it}=\left(\sigma^2_v\sigma^2_{it}\right)\big/\left(\sigma^2_v+\sigma^2_{it}\right)$，$\phi\left(\cdot\right)$ 代表分布为标准正态的密度函数，$\Phi\left(\cdot\right)$ 代表分布为标准正态的累积分布函数。模型参数的估计采用最大似然法，进一步地可以估计农业生产的效率指数数值 TE_{it}，计算公式如下：

$$
TE_{it}=E\left[\exp\left(-u_{it}|\varepsilon_{it}=\tilde{\varepsilon}_{it}\right)\right]=\exp\left(-\tilde{\omega}_{it}+0.5\,\tilde{\sigma}_{it}\right)\frac{\Phi\left(\tilde{\omega}_{it}/\tilde{\sigma}_{it}-\tilde{\sigma}_{it}\right)}{\Phi\left(\tilde{\omega}_{it}/\tilde{\sigma}_{it}\right)}
\tag{4.5}
$$

式（4.5）中的 $\tilde{\omega}_{it}$、$\tilde{\sigma}_{it}$ 分别代表 ω_{it}、σ_{it} 的估计数值。效率数值 TE_{it} 的取值范围为 0 至 1 之间，当 u_{it} 趋于无穷大时，TE_{it} 的取值为 0，比时的农业生产效率最低；当 u_{it} 取值为 0 时，TE_{it} 的取值为 1，此时的农业生产效率最高，不存在制度约束带来的损失。

4.2 模型建立与数据来源

4.2.1 模型设定

异质性面板随机边界模型的生产函数采用超越对数的生产函数（Laurits R. Christensen et al., 1973），将我国农业生产的异质性面板随机边界模型设定如下：

$$\ln Y_{it} = \alpha_0 + \alpha_1 \ln L_{it} + \alpha_2 \ln M_{it} + \alpha_3 \ln K_{it} + \alpha_4 \ln F_{it} + \alpha_5 t + \frac{1}{2}\alpha_6 t2 + \alpha_7 t \ln L_{it} + \alpha_8 t \ln M_{it} +$$

$$\alpha_9 t \ln K_{it} + \alpha_{10} t \ln F_{it} + \frac{1}{2}\alpha_{11} L2_{it} + \alpha_{12} LM_{it} + \alpha_{13} LK_{it} + \alpha_{14} LF_{it} + \frac{1}{2}\alpha_{15} M2_{it} +$$

$$\alpha_{16} MK_{it} + \alpha_{17} MK_{it} + \frac{1}{2}\alpha_{18} K2_{it} + \alpha_{19} KF_{it} + \frac{1}{2}\alpha_{20} F2_{it} + v_{it} - u_{it} \qquad (4.6)$$

式（4.6）中的 α 为待估参数，Y_{it} 为 i 省第 t 年的农业产出，用各省（区、市）的农林牧渔业总产值代表，单位为亿元。产出变量采用广义的农业产出，这样处理主要是为了确保与农业生产要素的统计口径相一致，由于统计年鉴等相关统计资料中的农业机械总动力、劳动力人数等都是采用的全农业口径。为了剔除价格变动因素对实证结果造成的影响，以 1978 年为基期采用 GDP 平减指数对农林牧渔业总产值变量进行调整。

L_{it} 为 i 省第 t 年的劳动力投入，基于数据的可获得性，用第一产业就业人员代表，单位为万人。当市场经济发展到较为完善的情形，劳动力投入变化的情况可以由劳动者工资变量来全面反映，但我国市场经济发展还未达到这种程度，劳动力市场发展还有待完善，相关的分配机制也不能完全对市场进行调节，因此采用第一产业就业人员代替劳动力投入变量。

M_{it} 为 i 省第 t 年的土地投入，用农作物总播种面积代表，单位为千公顷。主要是因为从 1996 年开始，我国的耕地指标数据并不齐全，存在缺失的情况，国家统计局未对相关指标进行公布；另外，我国耕地的弃耕、休耕现象比较严重，所以采用农作物总播种面积变量较为合适。

K_{it} 为 i 省第 t 年的农业机械总动力投入，单位为万千瓦。农业机械的总动力变量，指的是用于农业方面的机械动力，并不包括用于乡镇企业生产、非农业方面的运输和科学研究等与农业生产不相关的机械动力。

F_{it} 为 i 省第 t 年的化肥施用量，单位为万吨。

t 为时间趋势变量，通常用来反映技术变化情况，$t2$ 为时间 t 的平方项，$L2$ 为 $\ln L$ 的平方项，LM 为 $\ln L$ 与 $\ln M$ 的相乘项，LK 为 $\ln L$ 与 $\ln K$ 的相乘项，LF 为 $\ln L$ 与 $\ln F$ 的相乘项，$M2$ 为 $\ln M$ 的平方项，MK 为 $\ln M$ 与 $\ln K$ 的相乘项，MF 为 $\ln M$ 与 $\ln F$ 的相乘项，$K2$ 为 $\ln K$ 的平方项，KF 为 $\ln K$ 与 $\ln F$ 的相乘项，$F2$ 为 $\ln F$ 的平方项。

4.2.2 数据来源

鉴于行政区划变动，为确保统计数据的连续性，将重庆与四川的变量统计数据进行合并，将两者作为整体分析研究，因此本书的实证分析数据包括了除港澳台之外的我国 30 个省（区、市），时间跨度为 1978—2016 年。实证数据来源于《新中国五十五年统计资料汇编》、各年《中国统计年鉴》、各省"统计年鉴"、国泰安数据库。变量的基本统计量见表 4.1。

表 4.1 变量的基本统计量

Variable	Obs	Mean	p50	Std. Dev.	Min	Max
lnY	1170	4.880	4.941	1.229	1.366	7.345
lnL	1170	6.489	6.733	1.132	3.613	8.253
lnM	1170	8.113	8.431	1.114	5.020	9.580
lnK	1170	6.817	6.896	1.182	3.164	9.499
lnF	1170	4.188	4.511	1.350	−4.605	6.574
tlnL	1170	129.503	125.238	76.721	4.335	306.410
tlnM	1170	162.389	157.944	95.403	5.375	373.620
tlnK	1170	143.247	133.383	92.190	3.164	360.981
tlnF	1170	89.416	79.969	62.794	−6.931	256.319
L2	1170	43.390	45.329	13.804	13.056	68.113
LM	1170	53.827	56.758	15.136	19.597	78.244
LK	1170	45.190	46.933	13.660	13.718	73.691
LF	1170	28.427	30.615	11.949	−19.964	51.706
M2	1170	67.059	71.089	16.908	25.197	91.776
MK	1170	56.323	58.799	15.525	17.009	89.717
MF	1170	35.267	37.572	13.937	−24.754	62.962
K2	1170	47.861	47.559	15.822	10.013	90.240
KF	1170	29.975	31.368	13.015	−14.572	61.585
F2	1170	19.357	20.368	9.827	0.033	43.215

由表 4.1 可以看出，实证分析采用的变量都有 1170 个观察值，被解释变量农林牧渔业总产值变量的对数（$\ln Y$）均值为 4.880，中位数为 4.941，标准偏差为 1.229，最小数值为 1.366，最大数值为 7.345；劳动力投入变量的对数（$\ln L$）均值为 6.489，中位数为 6.733，标准偏差为 1.132，最小数值为 3.613，最大数值为 8.253；农作物总播种面积变量的对数（$\ln M$）均值为 8.113，中位数为 8.431，标准偏差为 1.114，最小数值为 5.020，最大数值为 9.580；农业机械总动力投入变量的对数（$\ln K$）均值为 6.817，中位数为 6.896，标准偏差为 1.182，最小数值为 3.164，最大数值为 9.499；化肥施用量变量的对数（$\ln F$）均值为 4.188，中位数为 4.511，标准偏差为 1.350，最小数值为 –4.605，最大数值为 6.574。

变量 $t\ln L$ 的均值为 129.503，中位数为 125.238，标准偏差为 76.721，最小数值为 4.335，最大数值为 306.410；变量 $t\ln M$ 的均值为 162.389，中位数为 157.944，标准偏差为 95.403，最小数值为 5.375，最大数值为 373.620；变量 $t\ln K$ 的均值为 143.247，中位数为 133.383，标准偏差为 92.190，最小数值为 3.164，最大数值为 360.981；变量 $t\ln F$ 的均值为 89.416，中位数为 79.969，标准偏差为 62.794，最小数值为 –6.931，最大数值为 256.319；变量 $L2$ 的均值为 43.390，中位数为 45.329，标准偏差为 13.804，最小数值为 13.056，最大数值为 68.113。

变量 LM 的均值为 53.827，中位数为 56.758，标准偏差为 15.136，最小数值为 19.597，最大数值为 78.244；变量 LK 的均值为 45.190，中位数为 46.933，标准偏差为 13.660，最小数值为 13.718，最大数值为 73.691；变量 LF 的均值为 28.427，中位数为 30.615，标准偏差为 11.949，最小数值为 –19.964，最大数值为 51.706；变量 $M2$ 的均值为 67.059，中位数为 71.089，标准偏差为 16.908，最小数值为 25.197，最大数值为 91.776。

变量 MK 的均值为 56.323，中位数为 58.799，标准偏差为 15.525，最小数值为 17.009，最大数值为 89.717；变量 MF 的均值为 35.267，中位数为 37.572，标准偏差为 13.937，最小数值为 –24.754，最大数值为 62.962；变量 $K2$ 的均值为 47.861，中位数为 47.559，标准偏差为 15.822，最小数值为

10.013，最大数值为 90.240；变量 *KF* 的均值为 29.975，中位数为 31.368，标准偏差为 13.015，最小数值为 −14.572，最大数值为 61.585；变量 *F*2 的均值为 19.357，中位数为 20.368，标准偏差为 9.827，最小数值为 0.033，最大数值为 43.215。

4.3 模型变量是否平稳检验

在运用异质性面板随机边界模型进行实证分析前，必须先对模型涉及的变量是否满足平稳要求做检验，如果该要求得不到满足，则模型回归得到的结果的可信度就存在疑问，从而存在通常所说的"伪回归"现象。检验异质性面板随机边界模型变量是否平稳，即采用各种检验方法判断模型变量是否存在着单位根，从而可以确定该变量是否平稳。检验异质性面板随机边界模型变量是否存在单位根的方法，通常分为同质检验与异质检验，LLC 检验方法属于同质检验法，而 Fisher 检验方法、IPS 检验方法则属于异质检验法。本书就采用以上几种方法对面板模型变量是否存在单位根进行检验，结果见表4.2。

表 4.2　面板单位根检验结果

变量	水平方程				一阶差分方程			
	LLC 检验	IPS 检验	Fisher–ADF	Fisher–PP	LLC 检验	IPS 检验	Fisher–ADF	Fisher–PP
lnY	−4.979*** (0.000)	−4.912*** (0.000)	133.387*** (0.000)	79.791** (0.045)	−13.691*** (0.000)	−19.435*** (0.000)	217.488*** (0.000)	1348.787*** (0.000)
lnL	−3.661*** (0.000)	−0.839 (0.201)	128.768*** (0.005)	94.434*** (0.003)	−10.352*** (0.000)	−16.988*** (0.000)	187.329*** (0.000)	705.084*** (0.000)
lnM	−9.494*** (0.000)	−4.964*** (0.000)	122.568*** (0.000)	81.873** (0.032)	−5.003*** (0.000)	−19.100*** (0.000)	210.417*** (0.000)	1175.363*** (0.000)
lnK	−2.710*** (0.003)	−1.970** (0.024)	127.579*** (0.000)	391.367*** (0.000)	−6.066*** (0.000)	−8.310*** (0.000)	140.673*** (0.000)	393.743*** (0.000)
lnF	−10.956*** (0.000)	−6.895*** (0.000)	147.970*** (0.000)	758.274*** (0.000)	−5.545*** (0.000)	−22.151*** (0.000)	304.944*** (0.000)	1407.552*** (0.000)
tlnL	−5.605*** (0.000)	−0.606 (0.272)	118.529*** (0.000)	610.880*** (0.000)	−7.104*** (0.000)	−13.714*** (0.000)	157.216*** (0.000)	599.305*** (0.000)

变量	水平方程				一阶差分方程			
	LLC 检验	IPS 检验	Fisher–ADF	Fisher–PP	LLC 检验	IPS 检验	Fisher–ADF	Fisher–PP
tlnM	−20.400*** (0.000)	1.632 (0.949)	83.240** (0.025)	136.711*** (0.000)	−8.015*** (0.000)	−17.859*** (0.000)	84.247** (0.021)	958.020*** (0.000)
tlnK	−4.214*** (0.000)	1.718 (0.957)	114.353*** (0.000)	115.796*** (0.000)	−2.171** (0.015)	−2.910*** (0.002)	102.457*** (0.000)	89.758*** (0.008)
tlnF	−4.943*** (0.000)	−4.192*** (0.000)	73.320 (0.116)	431.569*** (0.000)	−5.834*** (0.000)	−16.203*** (0.000)	91.490*** (0.006)	752.607*** (0.000)
L2	−3.615*** (0.000)	−0.816 (0.207)	95.739*** (0.002)	84.027** (0.022)	−10.316*** (0.000)	−16.973*** (0.000)	98.773*** (0.001)	867.653*** (0.000)
LM	−6.803*** (0.000)	−1.185 (0.118)	110.795*** (0.000)	121.644*** (0.000)	−9.747*** (0.000)	−18.439*** (0.000)	112.929*** (0.000)	1140.466*** (0.000)
LK	−6.118*** (0.000)	−4.486*** (0.000)	253.061*** (0.000)	108.703*** (0.000)	−3.479*** (0.000)	−11.256*** (0.000)	109.676*** (0.000)	481.618*** (0.000)
LF	−9.781*** (0.000)	−6.097*** (0.000)	162.997*** (0.000)	508.796*** (0.000)	−26.052*** (0.000)	−21.391*** (0.000)	104.059*** (0.000)	1647.118*** (0.000)
M2	−2.265** (0.012)	−5.037*** (0.000)	100.578*** (0.001)	100.578*** (0.000)	−5.307*** (0.000)	19.130*** (0.000)	105.814*** (0.000)	1150.112*** (0.000)
MK	−1.534* (0.063)	2.014 (0.978)	126.370*** (0.000)	192.518*** (0.000)	−11.193*** (0.000)	−11.985*** (0.000)	100.223*** (0.001)	479.406*** (0.000)
MF	−8.862*** (0.000)	−4.884*** (0.000)	129.104*** (0.000)	532.180*** (0.000)	−26.421*** (0.000)	−22.795*** (0.000)	111.781*** (0.000)	1659.394*** (0.000)
K2	−3.052*** (0.001)	2.216 (0.987)	96.769*** (0.002)	197.554*** (0.000)	−10.631*** (0.000)	−8.901*** (0.000)	104.439*** (0.000)	278.317*** (0.000)
KF	−9.445*** (0.000)	−1.931** (0.027)	101.262*** (0.001)	355.600*** (0.000)	−22.177*** (0.000)	−20.781*** (0.000)	84.953** (0.019)	1403.121*** (0.000)
F2	−1.815** (0.035)	−5.298*** (0.000)	273.437*** (0.000)	602.639*** (0.000)	−26.697*** (0.000)	−22.929*** (0.000)	126.664*** (0.000)	1676.624*** (0.000)

注：***、**、*分别代表在 1%、5%、10% 的显著性水平下拒绝原假设，括号内的数据为显著性 p 值。后表同。

由表 4.2 异质性面板随机边界模型单位根检验结果，从水平方程的检验结果来看，劳动力投入变量的对数 lnL、变量 tlnL、变量 tlnM、变量 tlnK、变量 tlnF、变量 L2、变量 LM、变量 LK、变量 K2 在同质检验与异质检验的四种检验方法中均有一种检验结果无法拒绝存在单位根的原假设，但有三个检验结果拒绝了存在单位根的原假设，因此可以认为这些变量是平稳的；其他变量在水平方程的同质检验与异质检验中均拒绝了存在单位根的原假设，因此变量是平稳的。模型涉及的变量一阶差分方程检验结果也均拒绝了存在单位根的原假设，从检验结果来看，所有变量均是平稳的。

4.4 模型估计结果

采用超越对数的异质性面板随机边界模型进行分析，估计结果见表 4.3。

表 4.3 异质性面板随机边界模型估计结果

lnY	Coef.	Std. Err.	z	p>z	[95% Conf. Interval]	
Frontier						
lnL	0.662	0.366	1.810	0.071	−0.055	1.379
lnM	2.925	0.529	5.530	0.000	1.888	3.963
lnK	−0.655	0.237	−2.770	0.006	−1.120	−0.191
lnF	−0.378	0.162	−2.330	0.020	−0.696	−0.060
t	0.125	0.017	7.580	0.000	0.093	0.158
t2	0.000	0.000	−1.140	0.255	0.000	0.000
tlnL	0.002	0.004	0.500	0.618	−0.005	0.009
tlnM	0.010	0.005	−1.990	0.046	−0.021	0.000
tlnK	−0.001	0.004	−0.140	0.885	−0.008	0.007
tlnF	0.001	0.002	0.560	0.574	−0.003	0.006
L2	−0.083	0.045	−1.830	0.067	−0.172	0.006
LM	0.132	0.099	1.330	0.184	−0.063	0.327
LK	−0.173	0.052	−3.310	0.001	−0.276	−0.071
LF	0.101	0.037	2.720	0.006	0.028	0.174
M2	−0.294	0.082	−3.580	0.000	−0.454	−0.133
MK	0.277	0.076	3.660	0.000	0.129	0.426
MF	−0.082	0.049	−1.670	0.095	−0.178	0.014
K2	−0.059	0.031	−1.870	0.061	−0.121	0.003
KF	0.105	0.036	2.920	0.004	0.034	0.175
F2	−0.019	0.008	−2.440	0.015	−0.034	−0.004
制度约束						
lnM	0.004	0.268	0.010	0.989	−0.522	0.529
_cons	−1.545	2.785	−0.550	0.579	−7.004	3.913
产出不确定性						
lnM	−0.255	0.155	−1.640	0.100	−0.559	0.049

lnY	Coef.	Std. Err.	z	p>z	[95% Conf. Interval]	
_cons	0.501	1.405	0.360	0.722	−2.253	3.255
Vsigma						
_cons	−5.091	0.174	−29.340	0.000	−5.431	−4.751
E（sigma_u）	0.462				0.458	0.466
sigma_v	0.078	0.007	11.530	0.000	0.066	0.093

由表 4.3 可知，劳动力投入变量的对数（$\ln L$）对农业产出在 10% 的水平下存在显著正向影响，影响系数大小为 0.662，劳动力投入越多，农业产出越高；农作物总播种面积变量的对数（$\ln M$）对农业产出在 1% 的水平下存在显著正向影响，影响系数为 2.925，增加粮食播种面积，有利于提高农业产出；农业机械总动力投入变量的对数（$\ln K$）对农业产出在 1% 的水平下存在显著负向影响，影响系数为 −0.655，说明农业机械总动力投入增加已不能带动农业产量增加；化肥施用量变量的对数（$\ln F$）对农业产出在 5% 的水平下存在显著负向影响，影响系数为 −0.378，说明化肥施用量的增加也不能提高农业产量。

反映技术变化的时间趋势变量（t）对农业产出在 1% 的水平下存在显著正向影响，影响系数为 0.125，说明技术进步对农业产出的影响巨大；时间趋势变量的平方项（$t2$）对农业产出不存在显著影响。

劳动力与时间的交乘变量（$t\ln L$）对农业产出不存在显著影响，说明随着时间推移劳动力对农业产出的提升影响并不明显；农作物总播种面积与时间的交乘变量（$t\ln M$）对农业产出在 5% 的水平下存在显著负向影响，影响系数为 −0.010，说明农作物的边际报酬递减现象在农业产出增长过程中出现；农业机械总动力投入与时间的交乘变量（$t\ln K$）对农业产出不存在显著影响，说明随着时间推移农业机械总动力投入对农业产出的提升影响并不明显；化肥施用量与时间的交乘变量（$t\ln F$）对农业产出不存在显著影响，说明随着时间推移化肥施用量对农业产出的提升影响并不明显；劳动力的平方变量（$L2$）对农业产出在 10% 的水平下存在显著负向影响，影响系数为 −0.083，表明劳动力的投入对农业产业的影响可能是非线性的，存在着倒 "U" 形的影响关系。

劳动力投入与农作物总播种面积的交乘变量（LM）对农业产出不存在显著影响；劳动力投入与农业机械总动力的交乘变量（LK）对农业产出在1%的水平下存在显著负向影响，影响系数为 -0.173；劳动力投入与化肥施用量的交乘变量（LF）对农业产出在1%的水平下存在显著正向影响，影响系数为0.101；农作物总播种面积的平方变量（$M2$）对农业产出在1%的水平下存在显著负向影响，影响系数为 -0.294，表明农作物总播种面积对农业产出的影响可能是非线性的，存在着倒"U"形的影响关系。

农作物总播种面积与农业机械总动力的交乘变量（MK）对农业产出在1%的水平下存在显著正向影响，影响系数为0.277；农作物总播种面积与化肥施用量的交乘变量（MF）对农业产出在10%的水平下存在显著负向影响，影响系数为 -0.082；农业机械总动力的平方变量（$K2$）对农业产出在10%的水平下存在显著负向影响，影响系数为 -0.059，表明农业机械总动力对农业产出的影响可能是非线性的，存在着倒"U"形的影响关系；农业机械总动力与化肥施用量的交乘变量（KF）对农业产出在1%的水平下存在显著正向影响，影响系数为0.105；化肥施用量的平方变量（$F2$）对农业产出在5%的水平下存在显著负向影响，影响系数为 -0.019。

农作物总播种面积变量（$\ln M$）在制度约束方程中影响并不显著，随着农作物总播种面积的增加并没有缓解制度约束的影响，这可能是因为农作物播种面积对制度约束的非线性影响关系而造成的。农作物总播种面积变量（$\ln M$）在农业产出的不确定性方程中影响并不显著，随着农作物总播种面积的增加并没有对产出的不确定性带来显著影响，这可能是因为农作物总播种面积对农业产出的非线性影响关系而造成的。

根据估计得到的异质性面板随机边界模型，可以计算得到1978—2016年我国各省（区、市）的农业全要素生产率，按年度进行平均就可以得到全国平均农业全要素生产率，以及我国东、中、西部地区的农业生产效率，见图4.1。

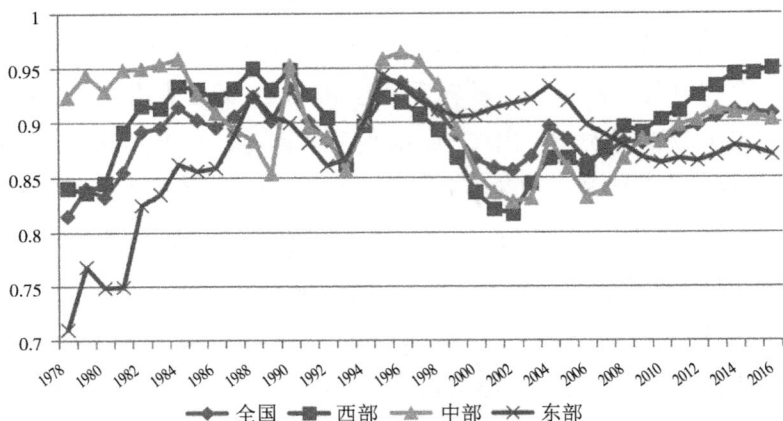

图 4.1 我国农业生产率变化趋势

从图 4.1 来看，1978 年至 1984 年随着家庭联产承包责任制的推行，全国农业生产率由 1978 年的 0.814 上升到 1984 年的 0.914，有了明显的提升，年均增长率达到 2.331%；1985 年至 1991 年全国农业生产率震荡上行，其间虽有下降，但总体上农业生产率维持在 0.900 的水平；1992 年至 1997 年全国农业生产率波动较大，但总体来讲维持在高位水平，1995 年达到了历史最高值 0.940，之后虽有下降，但仍然高于 0.920，主要受到党的十四大明确建立社会主义市场经济体制的改革目标影响，农业农村迎来了一个新的发展机遇；1998 年至 2006 年全国农业生产率持续下行，受亚洲金融危机、农业生产收益下降等多重因素影响；2007 年至 2016 年，随着 2006 年国家取消农业税政策的出台，农民的生产积极性有了很大的提升，全国农业生产率持续提升，由 2007 年的 0.871 提高到 2016 年的 0.908。

表 4.4 全国农业生产率变化趋势

年度	全国	西部	中部	东部
1978	0.814	0.840	0.923	0.710
1979	0.840	0.836	0.943	0.768
1980	0.832	0.845	0.928	0.749
1981	0.854	0.891	0.948	0.749

续表

年度	全国	西部	中部	东部
1982	0.891	0.915	0.949	0.824
1983	0.895	0.913	0.953	0.834
1984	0.914	0.934	0.958	0.862
1978—1984 年均值	0.863	0.882	0.943	0.785
1985	0.902	0.931	0.926	0.856
1986	0.895	0.921	0.909	0.858
1987	0.905	0.931	0.893	0.888
1988	0.923	0.950	0.883	0.926
1989	0.901	0.930	0.853	0.906
1990	0.931	0.948	0.952	0.899
1991	0.901	0.926	0.895	0.881
1985—1991 年均值	0.908	0.934	0.902	0.888
1992	0.883	0.904	0.886	0.860
1993	0.862	0.861	0.856	0.867
1994	0.900	0.897	0.902	0.901
1995	0.940	0.923	0.958	0.943
1996	0.936	0.919	0.964	0.934
1997	0.925	0.908	0.956	0.919
1992—1997 年均值	0.908	0.902	0.920	0.904
1998	0.911	0.893	0.934	0.911
1999	0.888	0.868	0.893	0.905
2000	0.866	0.836	0.854	0.906
2001	0.858	0.821	0.836	0.913
2002	0.856	0.816	0.827	0.917
2003	0.869	0.844	0.830	0.921
2004	0.896	0.867	0.884	0.933
2005	0.884	0.867	0.858	0.919
2006	0.865	0.856	0.831	0.897
1998—2006 年均值	0.877	0.852	0.861	0.913
2007	0.871	0.876	0.838	0.888
2008	0.882	0.896	0.867	0.879

年度	全国	西部	中部	东部
2009	0.881	0.890	0.885	0.868
2010	0.883	0.903	0.882	0.863
2011	0.891	0.911	0.897	0.867
2012	0.897	0.925	0.902	0.864
2013	0.904	0.933	0.912	0.870
2014	0.911	0.945	0.909	0.878
2015	0.909	0.945	0.906	0.876
2016	0.908	0.950	0.902	0.870
2007—2016 年均值	0.894	0.917	0.890	0.872
1978—2016 年均值	0.889	0.897	0.900	0.874

从表 4.4 全国农业生产率变化趋势的平均值来看，1978 年至 1984 年随着家庭联产承包责任制在安徽等地的率先推行，中部地区的农业生产率明显高于东部与西部地区；1985 年至 1991 年西部地区的农业生产率要高于东部与中部地区；1992 年至 1997 年，中部地区的农业生产率明显高于东部与西部地区；1998 年至 2006 年，东部地区的农业生产率明显高于中部与西部地区；2007 年至 2016 年，随着 2006 年国家取消农业税政策的出台，农民的生产积极性有了很大的提升，西部地区的农业生产率要高于东部与中部地区。

本书认为，东部、中部和西部的农业生产率之所以存在明显差异，主要是不同地域的经济发展状况极不平衡。农业生产技术研发需要很高的资金成本做支撑，在这方面，东部地区由于经济更为发达，从而有更强的经济实力对农业生产技术研发进行投入。东部地区与中部、西部地区相比，对外开放的程度更高，因此能够更加便捷地引入国外的先进技术与经验。虽然东部地区的农业生产率在大多数年份明显高于中部和西部地区，但随着我国经济与技术流动性不断加强，各种要素在地区间能够更加快捷有效地流动，而且近年来部分中部和西部地区由于加强了技术引入及自主研发，加上具有良好的自然环境，农业生产率对东部地区形成了赶超之势，同时在一定程度上也得益于我国的西部大开发战略，各项资源投入向西部地区有了明显倾斜。

4.5 本章小结

本章采用异质性面板随机边界模型测算了全国的农业生产率，并对农业产出的影响因素进行了分析，比较了东中西部地区的农业生产率，发现时间趋势变量的平方项（$t2$）、劳动力与时间的交乘变量（$t\ln L$）、农业机械总动力投入与时间的交乘变量（$t\ln K$）、化肥施用量与时间的交乘变量（$t\ln F$）、劳动力投入与农作物总播种面积的交乘变量（LM）对农业产出不存在显著影响。

劳动力投入变量的对数（$\ln L$）、农作物总播种面积变量的对数（$\ln M$）、反映技术变化的时间趋势变量（t）、劳动力投入与化肥施用量的交乘变量（LF）、农作物总播种面积与农业机械总动力的交乘变量（MK）、农业机械总动力与化肥施用量的交乘变量（KF）对农业产出存在显著正向影响。

农业机械总动力投入变量的对数（$\ln K$）、化肥施用量变量的对数（$\ln F$）、农作物总播种面积与时间的交乘变量（$t\ln M$）、劳动力的平方变量（$L2$）、劳动力投入与农业机械总动力的交乘变量（LK）、农作物总播种面积的平方变量（$M2$）、农作物总播种面积与化肥施用量的交乘变量（MF）、农业机械总动力的平方变量（$K2$）、化肥施用量的平方变量（$F2$）对农业产出存在显著负向影响。

农作物总播种面积变量（$\ln M$）在制度约束方程中影响并不显著，随着农作物总播种面积的增加并没有缓解制度约束的影响，这可能是因为农作物播种面积对制度约束的非线性影响关系而造成的。农作物总播种面积变量（$\ln M$）在农业产出的不确定性方程中影响并不显著，随着农作物总播种面积的增加并没有对产出的不确定性带来显著影响，这可能是因为农作物播种面积对农业产出的非线性影响关系而造成的。

从全国农业生产率的变化趋势来看，1978 年至 1984 年随着家庭联产承包责任制的推行，全国农业生产率有了明显的提升；1985 年至 1991 年全国农业生产率震荡上行；1992 年至 1997 年全国农业生产率波动较大，但总体来说维持在高位水平，主要受到党的十四大明确建立社会主义市场经济体制的改革目标影响，农业农村迎来了一个新的发展机遇；1998 年至 2006 年全国农业生产率持续下行；2007 年至 2016 年，随着 2006 年国家取消农业税政策的出台，农民的生产积极性有了很大的提升，全国农业生产率持续提升。从农业生产率的变化情况来看，农地制度对农业生产率的影响明显，推行家庭联产承包责任制、建立社会主义市场经济体制、取消农业税都有效地提升了农业生产率。

第5章

家庭承包责任制下农地规模经营与农业生产率

本章采用面板门槛模型分析家庭承包责任制下农地制度变迁及农地规模经营对农业生产率的影响，研究对象为全国各省（区、市），所采用的数据时间跨度为 1978 年至 2016 年共 39 年，农业生产率数据采用第 4 章测算得到。首先介绍面板门槛模型相关内容，构建分析变量，建立面板门槛模型；其次采用面板单位根检验方法，检验数据的平稳性；最后采用面板门槛模型分析家庭承包责任制下农地规模经营对农业生产率的非线性影响关系。分析软件采用 Stata 15.1。

5.1 面板门槛模型介绍

Tong 多年研究所获得的成果颇多，其中最为杰出的研究成果之一就是阐明了门槛自回归模型（TAR，1978）。基于此，金融领域围绕变量间存在的非线性影响关系这一模型本质在诸多方面进行了极为深入的应用。Tiao and Tsay（1994），Potter（1995），Marterns、Kofman & Vorst（1998）相继在比方面展开了深入的研究，且各自针对横截面资料以及面板数字资料实施了门槛研究。他们利用门槛变量（Threshold Variable）所明确的变量分界点，通过门槛变量的观察数值，合理预估了门槛值；依靠计量办法求得的数值，消除了确定分解方法受主观因素影响而出现误差的问题。

估计门槛自回归模型过程中，门槛效应的检验极为关键，而检验方法历经较长时间发展也变得日趋完善。由于参数（Nuisance）存在未知性，检验所使用的统计量也就会呈现出非标准分布的特征，在一定程度上就会出现"Davies Problem"。为了避免此种情况影响检验的准确性，Hansen（1999）提倡选择"自体抽样方法"，也就是"拔靴法"（Bootstrap）来对检验统计量分布状况进行精准计算，以此来有效检验数据存在门槛效应与否。在此办法尚未广泛应用前，Chan（1993）通过对门槛自回归模型中的 OLS 估计量的研究得出了超一致性的存在，明确了与 OLS 估计量所对应的渐近分布，只是参数未知性会造成其分布无法满足标准态的要求。Hansen（1999）选择了基于似然比检验（Likelihood Ratio Test）构建得出"非拒绝域"，使此问题得以解决。

Hansen（1999）通过两阶段最小二乘法来重点对门槛面板数据模型进行研究，并取得了不错的成果，具体过程为：首先，明确门槛数值（γ），测算求出残差平方和（SSR），并从中得出让 SSR 最小的 γ 值，记作 $\hat{\gamma}$；其次，依靠 $\hat{\gamma}$ 值，实现对模型众多区间（Regime）所对应的系数估计，进而实现有效分析。

选择单一门槛作为实例，能够将面板门槛模型设定成：

$$y_{it}=\begin{cases} \mu_i+\beta_1'x_{it}+\varepsilon_{it}, & q_{it} \leqslant \gamma \\ \mu_i+\beta_2'x_{it}+\varepsilon_{it}, & q_{it} \succ \gamma \end{cases} \quad (5.1)$$

上式中，$i=1, 2, \cdots, N$ 代表个体变量，$t=1, 2, \cdots, T$ 代表时间变量。y_{it} 为被解释变量，μ_i 为个体对应的截距项，x_{it} 为解释变量，q_{it} 则为门槛变量，γ 为待估计门槛数值，ε_{it} 表示服从独立同分布条件下的误差项。

应用指示函数 $I(\cdot)$，简化式（5.1）：

$$y_{it}=\mu_i+\beta_1'x_{it} \cdot I(q_{it} \leqslant \gamma)+\beta_2'x_{it} \cdot I(q_{it} \succ \gamma)+\varepsilon_{it} \quad (5.2)$$

若定义 $\beta=\begin{pmatrix} \beta_1 \\ \beta_2 \end{pmatrix} \cdot x_{it}(\gamma)=\begin{bmatrix} x_{it} \cdot I(q_{it} \leqslant \gamma) \\ x_{it} \cdot I(q_{it} \succ \gamma) \end{bmatrix}$，那么式（5.2）能够转化为：

$$y_{it}=\mu_i+\beta'x_{it}(\gamma)+\varepsilon_{it} \quad (5.3)$$

为排除个体效应 μ_i，将式（5.3）对时间取平均值：

$$\bar{y}_i=\mu_i+\beta'\bar{x}_i(\gamma)+\bar{\varepsilon}_{it} \quad (5.4)$$

上式这样定义，$\bar{y}_i = \frac{1}{T}\sum\limits_{t=1}^{T} y_{it}$，$\bar{x}_i = \frac{1}{T}\sum\limits_{t=1}^{T} x_{it}$，$\bar{\varepsilon}_i = \frac{1}{T}\sum\limits_{t=1}^{T} \varepsilon_{it}$，

式（5.3）减去式（5.4），能够得出：

$$y_{it}^* = \beta' x_{it}^* (\gamma) + \varepsilon_{it}^* \qquad (5.5)$$

上式中我们定义，$y_{it}^* = y_{it} - \bar{y}_i$，$x_{it}^* (\gamma) = x_{it} (\gamma) - \bar{x}_i (\gamma)$，$\varepsilon_{it}^* = \varepsilon_{it} - \bar{\varepsilon}_i$。

Hansen（1999）凭借两阶段最小二乘法分析了门槛面板模型，并在最小二乘法（OLS）的基础上估计式（5.5），明确 γ 值，进而得出估计系数 $\hat{\beta}(\gamma)$ 以及残差平方和 $SSR(\gamma)$。面对 $\gamma \in \{q_{it} : 1 \leqslant i \leqslant N, 1 \leqslant t \leqslant T\}$（取值极限为 NT 个），获得一个 $\hat{\gamma}$，确保 $SSR(\hat{\gamma})$ 的数值最小，以此来求出估计系数 $\hat{\beta}(\hat{\gamma})$。想要确保抽样求出的某子样本的观测值数量能够满足要求，必须对 γ 值加以有效约束，具体做法为排除 $\{q_{it}\}$ 两端各 5% 的取值。

检验门槛效应的办法就是对原假设 H_0 进行检验

$$H_0 : \beta_1 = \beta_2 \qquad (5.6)$$

假设式（5.6）成立，式（5.1）能够变为：

$$y_{it} = \mu_i + \beta'_1 x_{it} + \varepsilon_{it} \qquad (5.7)$$

利用 OLS 办法来估计式（5.7），标记成系数存在限制条件下模型所得到的残差平方和，把其标记成 SSR^*，满足 $SSR^* \geqslant SSR(\hat{\gamma})$。若是引入约束条件，$SSR^* - SSR(\hat{\gamma})$ 较大的情况下，便会出现拒绝原假设的情况。Hansen（1999）利用构造似然比检验的统计量来检验式（5.6）的原假设：

$$LR = [SSR^* - SSR(\hat{\gamma})] / \hat{\sigma}^2 \qquad (5.8)$$

式（5.8）中，$\hat{\sigma}^2 = SSR(\hat{\gamma}) / N(T-1)$ 表示对扰动项方差的一致估计值。利用对统计量 LR 渐近分布的检验，得知其并非标准 χ^2 分布，和样本矩（sample moments）存在关系，导致难以明确临界数值，是"Davies Problem"，Hansen（1999）利用"自抽样法"处理了此问题。

若是式（5.6）的原假设被拒绝，就代表具备门槛效应，能够继续检验假设"$H_0 : \gamma = \gamma_0$"（γ_0 表现为 γ 真实值），对其似然比进行定义的统计量具体为：

$$LR(\gamma) = [SSR(\gamma)^* - SSR(\hat{\gamma})] / \hat{\sigma}^2 \qquad (5.9)$$

Hansen（1999）所得到的研究结果表明，$LR（\gamma）$出现的渐近分布虽然并非标准，但是与之匹配的累计分布函数是 $[1-\exp（-x/2）]^2$，这就能够结合 $LR（\gamma）$ 来对 γ 的置信区间加以计算，求出临界值。

双重门槛模型能够设定为：

$$y_{it}=\mu_i+\beta_1' x_{it} \cdot I（q_{it} \leq \gamma_1）+\beta_2' x_{it} \cdot I（\gamma_1 \prec q_{it} \leq \gamma_2）+\beta_3' x_{it} \cdot I（q_{it} \succ \gamma_2）+\varepsilon_{it}$$
（5.10）

在以上过程中，门槛数值 $\gamma_1 \prec \gamma_2$，还能够把其转化成离差形式，从而选择 OLS 两步法来进行估计。

5.2 变量选取与模型构建

本书在分析家庭承包责任制下农地规模经营对农业生产率的非线性影响关系中，因变量采用农业生产率（TE）；门槛变量为农地规模经营（SM），采用农作物总播种面积（M）/ 第一产业就业人员（L）进行衡量。控制变量包括：①农村城市化（URB），采用城镇人口（UPL）/ 总人口（TPL）进行衡量；②农村工业化（IND），采用非农总产值（NAG）/GDP 进行衡量；③农村居民家庭人均纯收入（PNI），对该变量取对数处理，记为 $LPNI$；④运输便利度（TRC），采用公路里程（RDM）/ 土地调查面积（LDA）进行衡量；⑤受灾率（DSR），采用农作物受灾面积（DS）/ 农作物总播种面积（M）进行衡量；⑥农业种植结构（PLS），采用粮食作物播种面积（GRC）/ 农作物总播种面积（M）进行衡量；⑦农林水事务支出占比（EPP），采用农林水事务支出（EPA）/ 公共财政支出（PBE）进行衡量。建立面板门槛模型如下：

$$TE_{it}=\mu_i+\beta_1 SM_{it} \cdot I（SM_{it} \leq \gamma_1）+\beta_2 SM_{it} \cdot I（\gamma_1 \prec SM_{it} \leq \gamma_2）$$
$$+\beta_3 SM_{it} \cdot I（SM_{it} \succ \gamma_2）+\beta_4 URB_{it}+\beta_5 IND_{it}+\beta_6 LPNI_{it}$$
（5.11）
$$+\beta_7 TRC_{it}+\beta_8 DSR_{it}+\beta_9 PLS_{it}+\beta_{10} EPP_{it}++\beta_{1j} dum\_s_j+\varepsilon_{it}$$

式（5.11）中，γ 为面板门槛模型需要估计的门槛值，β 为模型各解释变量需要估计的系数，μ_i 为各省（区、市）的截距项，ε_{it} 为误差项，下标 i 代表各地区，t 代表年度。dum_s_j 为农业政策改革时间段虚拟变量（$j=1，\cdots，$ 4），参考宋洪远（2008）关于我国农业政策改革划分的阶段，dum_s_1 代表农业政策改革的第一阶段 1979—1984 年，dum_s_2 代表农业政策改革的第二阶段 1985—1991 年，dum_s_3 代表农业政策改革的第三阶段 1992—1998 年，dum_s_4 代表农业政策改革的第四阶段 1999—2005 年。处理相应阶段时变量取值为 1，否则取值为 0，也就是说在分析时将 2006 年以来的农业政策改革阶段作为比较对象，其他阶段与该阶段进行比较分析对农业生产率影响的差异。

鉴于行政区划变动，为确保统计数据的连续性，将重庆与四川的变量统计数据进行合并，将两者作为整体分析研究，因此本书的实证分析数据包括了除港澳台之外的我国 30 个省（区、市）。实证数据来源于《新中国五十五年统计资料汇编》、各年《中国统计年鉴》、各省"统计年鉴"、国泰安数据库、Wind 数据库。时间跨度为 1978 年至 2016 年共 39 年数据，各变量共计1170 个数据。为了避免数据的异常值对研究结果产生不利影响，对各模型涉及的变量在 1% 的水平上做缩尾处理。在运用面板门槛模型进行实证分析前，必须先对模型涉及的变量是否满足平稳要求做检验。如果该要求得不到满足，则模型回归得到的结果的可信度就存在疑问，从而存在通常所说的"伪回归"现象。检验面板门槛模型变量是否平稳，即采用各种检验方法判断模型变量是否存在着单位根，从而可以确定该变量是否平稳。检验面板门槛模型变量是否存在单位根的方法，通常分为同质检验与异质检验，LLC 检验方法属于同质检验法，而 Fisher 检验方法、IPS 检验方法则属于异质检验法。本书采用以上几种方法对面板模型变量是否存在单位根进行检验，结果见表 5.1。

表 5.1　面板单位根检验结果

变量	水平方程				一阶差分方程			
	LLC 检验	IPS 检验	Fisher–ADF	Fisher–PP	LLC 检验	IPS 检验	Fisher–ADF	Fisher–PP
TE	−4.299[***] （0.000）	−6.718[***] （0.000）	201.852[***] （0.000）	193.222[***] （0.000）	−15.176[***] （0.000）	−19.989[***] （0.000）	238.243[***] （0.000）	1405.361[***] （0.000）
SM	−3.015[***] （0.001）	−2.907[***] （0.002）	137.933[***] （0.000）	103.677[***] （0.000）	−9.349[***] （0.000）	−18.758[***] （0.000）	216.930[***] （0.000）	977.949[***] （0.000）
URB	9.030 （1.000）	0.203 （0.580）	126.161[***] （0.000）	44.558 （0.932）	−9.771[***] （0.000）	−18.198[***] （0.000）	212.807[***] （0.000）	888.027[***] （0.000）

变量	水平方程				一阶差分方程			
	LLC 检验	IPS 检验	Fisher–ADF	Fisher–PP	LLC 检验	IPS 检验	Fisher–ADF	Fisher–PP
IND	−2.960*** (0.002)	−5.808*** (0.000)	206.331*** (0.000)	118.544*** (0.000)	−11.764*** (0.000)	−19.831*** (0.000)	250.105*** (0.000)	1571.588*** (0.000)
LPNI	−1.688** (0.046)	−2.024** (0.022)	203.886*** (0.000)	148.413*** (0.000)	−10.018*** (0.000)	−15.342*** (0.000)	177.419*** (0.000)	1278.187*** (0.000)
TRC	10.098 (1.000)	1.089 (0.862)	95.377*** (0.003)	14.923 (1.000)	−11.827*** (0.000)	−19.259*** (0.000)	189.648*** (0.000)	858.237*** (0.000)
DSR	−7.085*** (0.000)	−18.231*** (0.000)	195.533*** (0.000)	1035.618*** (0.000)	−27.950*** (0.000)	−25.581*** (0.000)	317.901*** (0.000)	2162.619*** (0.000)
PLS	−2.490*** (0.006)	−3.729*** (0.000)	138.353*** (0.000)	74.948* (0.093)	−13.357*** (0.000)	−18.805*** (0.000)	235.333*** (0.000)	1140.457*** (0.000)
EPP	−3.946*** (0.000)	−1.785** (0.037)	167.211*** (0.000)	238.702*** (0.000)	−12.152*** (0.000)	−21.239*** (0.000)	266.286*** (0.000)	1632.093*** (0.000)

由表 5.1 可以看出，农业生产率（TE）变量的 LLC 检验统计量为 −4.299，IPS 检验统计量为 −6.718，Fisher–ADF 检验统计量为 201.852，Fisher–PP 检验统计量为 193.222，且均在 1% 的水平上拒绝了原假设，说明农业生产率（TE）变量是平稳的，其一阶差分变量同样满足平稳性的要求。农地规模经营（SM）变量的 LLC 检验统计量为 −3.015，IPS 检验统计量为 −2.907，Fisher–ADF 检验统计量为 137.933，Fisher–PP 检验统计量为 103.677，且均在 1% 的水平上拒绝了原假设，说明农地规模经营（SM）变量是平稳的，其一阶差分变量同样满足平稳性的要求。农村城市化（URB）变量的 LLC 检验统计量为 9.030，IPS 检验统计量为 0.203，Fisher–ADF 检验统计量为 126.161，Fisher–PP 检验统计量为 44.558，除 Fisher–ADF 检验统计量在 1% 的水平上拒绝了原假设外，其余统计量均不显著，说明农村城市化（URB）变量并不平稳；其一阶差分变量（$DURB$）的 LLC 检验统计量为 −9.771，IPS 检验统计量为 −18.198，Fisher–ADF 检验统计量为 212.807，Fisher–PP 检验统计量为 888.027，且均在 1% 的水平上拒绝了原假设，说明农村城市化的一阶差分变量（$DURB$）是平稳的，在后续的分析中就采用一阶差分变量进行分析。农村工业化（IND）变量的 LLC 检验统计量为 −2.960，IPS 检验统计量为 −5.808，Fisher–ADF 检验统计量

为 206.331，Fisher–PP 检验统计量为 118.544，且均在 1% 的水平上拒绝了原假设，说明农村工业化（*IND*）变量是平稳的，其一阶差分变量同样满足平稳性的要求。农村居民家庭人均纯收入（*LPNI*）变量的 LLC 检验统计量为 –1.688，IPS 检验统计量为 –2.024，在 5% 的水平下拒绝原假设，Fisher–ADF 检验统计量为 203.886，Fisher–PP 检验统计量为 148.413，且均在 1% 的水平上拒绝了原假设，说明农村居民家庭人均纯收入（*LPNI*）变量是平稳的，其一阶差分变量同样满足平稳性的要求。运输便利度（*TRC*）变量的 LLC 检验统计量为 10.098，IPS 检验统计量为 1.089，Fisher–ADF 检验统计量为 95.377，Fisher–PP 检验统计量为 14.923，除 Fisher–ADF 检验统计量在 1% 的水平上拒绝了原假设外，其余统计量均不显著，说明运输便利度（*TRC*）变量并不平稳；其一阶差分变量（*DTRC*）的 LLC 检验统计量为 –11.827，IPS 检验统计量为 –19.259，Fisher–ADF 检验统计量为 189.648，Fisher–PP 检验统计量为 858.237，且均在 1% 的水平上拒绝了原假设，说明运输便利度的一阶差分变量（*DTRC*）是平稳的，在后续的分析中就采用一阶差分变量进行分析。受灾率（*DSR*）变量的 LLC 检验统计量为 –7.085，IPS 检验统计量为 –18.231，Fisher–ADF 检验统计量为 195.533，Fisher–PP 检验统计量为 1035.618，且均在 1% 的水平上拒绝了原假设，说明受灾率（*DSR*）变量是平稳的，其一阶差分变量同样满足平稳性的要求。农业种植结构（*PLS*）变量的 LLC 检验统计量为 –2.490，IPS 检验统计量为 –3.729，Fisher–ADF 检验统计量为 138.353，Fisher–PP 检验统计量为 74.948，除 Fisher–PP 检验统计量在 10% 的水平上拒绝原假设外，其余统计量均在 1% 的水平上拒绝了原假设，说明农业种植结构（*PLS*）变量是平稳的，其一阶差分变量同样满足平稳性的要求。农林水事务支出占比（*EPP*）变量的 LLC 检验统计量为 –3.946，IPS 检验统计量为 –1.785，Fisher–ADF 检验统计量为 167.211，Fisher–PP 检验统计量为 238.702，除 IPS 检验统计量在 5% 的水平上拒绝原假设外，其余统计量均在 1% 的水平上拒绝了原假设，说明农林水事务支出占比（*EPP*）变量是平稳的，其一阶差分变量同样满足平稳性的要求。

由于农村城市化一阶差分变量（*DURB*）、运输便利度一阶差分变量

（DTRC）采用的是一阶差分形式，缺少1978年的数据，因此最终采用的数据时间跨度为1979—2016年，共计38年的数据，面板门槛模型涉及的各变量基本统计量见表5.2。

表 5.2 变量基本统计量

variable	N	mean	sd	min	p50	max
TE	1140	0.891	0.081	0.561	0.921	0.973
SM	1140	5.518	2.622	2.479	4.691	15.907
DURB	1140	0.010	0.031	−0.468	0.008	0.298
IND	1140	0.791	0.124	0.481	0.813	0.992
LPNI	1140	6.334	0.714	4.795	6.290	8.005
DTRC	1140	1.869	6.084	−10.140	0.485	94.750
DSR	1140	0.282	0.154	0.011	0.256	0.742
PLS	1140	0.712	0.114	0.410	0.720	0.924
EPP	1140	0.091	0.041	0.018	0.090	0.235

由表5.2可知，各变量均有1140个样本，农业生产率（TE）的均值为0.891，标准差为0.081，最小值为0.561，中位数为0.921，最大值为0.973；农地规模经营（SM）的均值为5.518，标准差为2.622，最小值为2.479，中位数为4.691，最大值为15.907；农村城市化一阶差分（DURB）的均值为0.010，标准差为0.031，最小值为−0.468，中位数为0.008，最大值为0.298；农村工业化（IND）的均值为0.791，标准差为0.124，最小值为0.481，中位数为0.813，最大值为0.992；农村居民家庭人均纯收入（LPNI）的均值为6.334，标准差为0.714，最小值为4.795，中位数为6.290，最大值为8.005；运输便利度的一阶差分（DTRC）的均值为1.869，标准差为6.084，最小值为−10.140，中位数为0.485，最大值为94.750；受灾率（DSR）的均值为0.282，标准差为0.154，最小值为0.011，中位数为0.256，最大值为0.742；农业种植结构（PLS）的均值为0.712，标准差为0.114，最小值为0.410，中位数为0.720，最大值为0.924；农林水事务支出占比（EPP）的均值为0.091，标准差为0.041，最小值为0.018，中位数为0.090，最大值为0.235。

5.3 全样本面板门槛模型估计

在采用面板门槛模型分析家庭承包责任制下农地规模经营对农业生产率的影响前，首先需要确定模型中农地规模经营（SM）存在的门槛数量，进一步依据门槛的数量和大小，建立面板门槛模型，从而可以采用固定效应模型估计面板模型数据。根据 Hansen（1999）的方法确定门槛的数量和大小，分别对面板门槛模型的单一门槛、双重门槛与三重门槛做估计，检验模型的 F统计量，进一步地采用 Bootstrap 方法分别对单一门槛、双重门槛与三重门槛自抽样 500 次、500 次和 300 次，通过计算 p 值，判断相应的门槛效应是否显著，结果见表 5.3。

表 5.3　门槛效果自抽样检验

模型	F 值	p 值	BS 次数	临界值		
				1%	5%	10%
单一门槛	25.827***	0.010	500	25.565	15.605	11.309
双重门槛	18.423**	0.016	500	20.193	12.141	9.009
三重门槛	10.745	0.120	300	38.274	16.473	11.513

注：***、**、* 分别代表在 1%、5%、10% 的水平下显著。

由表 5.3 可知，单一门槛的 F 值为 25.827，结果在 1% 的水平下显著，双重门槛的 F 值为 18.423，估计结果在 5% 的水平下显著，三重门槛不显著，从而说明模型存在着双重门槛。门槛具体数值的估计结果见表 5.4。

表 5.4　门槛估计值和置信区间

模型类型	门槛估计值	95% 置信区间	
单一门槛模型	5.699	4.220	5.787
双重门槛模型			
Ito1	7.270	4.220	8.204
Ito2	5.699	5.671	5.718
三重门槛模型	3.203	2.769	15.745

由表 5.4 可知，两个门槛值中较小的估计值为 5.699，较大的门槛值为7.270，两个门槛的参数图分别为图 5.1、图 5.2。

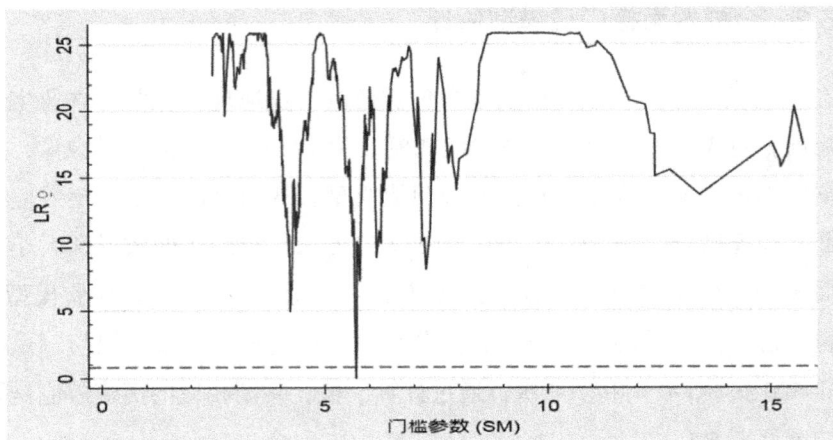

图 5.1　第一个门槛的估计值及置信区间

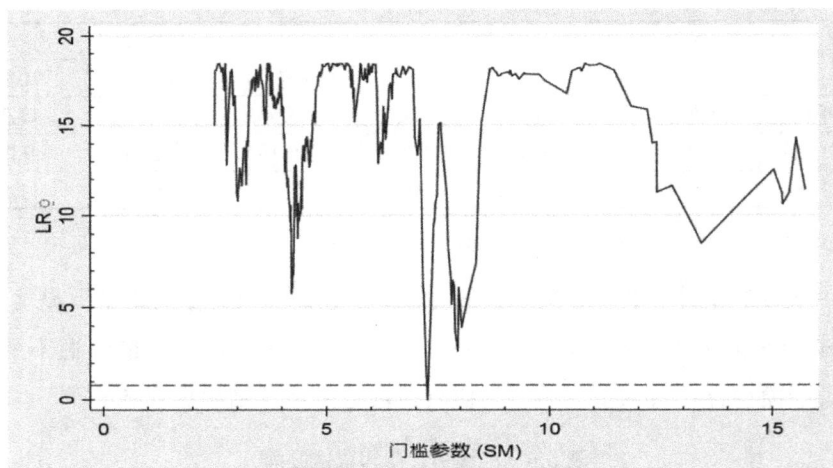

图 5.2　第二个门槛的估计值及置信区间

　　通过分析发现，家庭承包责任制下农地规模经营对农业生产率的影响存在双重门槛效应，需采用双重门槛建立面板数据模型进行分析。双重门槛的面板固定效应模型估计结果见表 5.5。

表 5.5　面板门槛估计结果

TE	Coef.	Std. Err.	t	p>|t|	[95% Conf. Interval]	
SM1	0.007	0.002	4.140	0.000	0.004	0.010
SM	0.011	0.004	2.980	0.003	0.004	0.018
SM3	−0.008	0.002	−4.570	0.000	−0.011	−0.004
DURB	0.095	0.063	1.510	0.131	−0.028	0.219
IND	−0.305	0.050	−6.150	0.000	−0.402	−0.208
LPNI	0.095	0.009	10.020	0.000	0.076	0.114
DTRC	0.000	0.000	−0.420	0.671	−0.001	0.001
DSR	−0.035	0.016	−2.130	0.034	−0.067	−0.003
PLS	−0.328	0.042	−7.880	0.000	−0.410	−0.246
EPP	−0.059	0.085	−0.700	0.484	−0.226	0.107
dum_s1	0.120	0.019	6.150	0.000	0.082	0.158
dum_s2	0.118	0.015	7.750	0.000	0.088	0.149
dum_s3	0.104	0.012	8.720	0.000	0.081	0.128
dum_s4	0.026	0.009	2.970	0.003	0.009	0.044
_cons	0.649	0.086	7.550	0.000	0.480	0.818
sigma_u	0.062					
sigma_e	0.066					
rho	0.465		（fraction of variance due to u_i）			

$F_{(14, 1096)} = 24.77$；模型的显著性检验结果为：Prob>F=0.000，表明面板门槛模型在整体上是非常显著的，代表拟合优度的组内 R^2 为 0.2403。

由表 5.5 可知，变量 *SM*1 代表农地规模经营在小于 5.699 时对农业生产率的影响，与农地规模经营在大于 5.699 且小于 7.270 时的影响差异，也即农地规模经营在小于 5.699 时对农业生产率的影响系数为 *SM*1 与 *SM* 的系数之和，可知农地规模经营在小于 5.699 时对农业生产率的影响在 1% 的水平下显著为正，影响系数为 0.018；*SM* 代表农地规模经营在大于 5.699 且小于 7.270 时对农业生产率的影响，可知 *SM* 对农业生产率的影响在 1% 的水平下显著为正，影响系数为 0.011；变量 *SM*3 代表农地规模经营在大于 7.270 时对农业生产率的影响，与农地规模经营在大于 5.699 且小于 7.270 时的影响差异，也即农地规模经营在大于 7.270 时对农业生产率的影响系数为 *SM*3 与 *SM* 的系数之和，可知农地规模经营在大于 7.270 时对农业生产率的影响在 1% 的水平下显著为正，影响系数为 0.003。通过分析可知随着农地规模经营的扩大，对农业生产率的影响是一个逐步减小的过程，但从目前的农地规模经营水平来看，提高农地规模经营水平依然有利于提升农业生产率。

农村城市化（*DURB*）对农业生产率的影响并不显著。农村城市化一方面可以提高农村的经济生活水平，有利于农业生产率的提升，但另一方面导致大量的青壮年进城务工，不利于农业生产率的提高，从总体来看，对农业生产率的影响并不显著。

农村工业化（*IND*）在1%的显著水平下对农业生产率产生负向影响，影响系数为−0.305。从回归结果来看，工业化的发展并没有显著提升农业生产率，反而对农业生产率产生负向影响，这可能是由于从全国范围内来看，土地耕作机械化应用不高。

农村居民家庭人均纯收入（*LPNI*）在1%的显著水平下对农业生产率产生正向影响，影响系数为0.095。提升农村居民家庭人均纯收入，有利于提高农民的生产积极性，对农业生产率的提高具有显著影响。

运输便利度（*DTRC*）对农业生产率的影响并不显著。运输便利度的提高一方面可以提高农村的经济生活水平，有利于农业生产率的提升，但另一方面交通运输方便导致大量的青壮年进城务工，不利于农业生产率的提高，从总体来看，对农业生产率的影响并不显著。

受灾率（*DSR*）在5%的显著水平下对农业生产率产生负向影响，影响系数为−0.035。农作物受灾显然对农业生产率产生负向影响，受灾面积越大，损失越严重。

农业种植结构（*PLS*）在1%的显著水平下对农业生产率产生负向影响，影响系数为−0.328。从回归结果来看，粮食作物播种面积提升对农业生产率产生负向影响，说明现阶段粮食作物的生产率较低，这也是农民选择弃耕或者改种其他经济作物的重要原因。

农林水事务支出占比（*EPP*）对农业生产率的影响并不显著，增加支出试图提升农业生产率的做法并不切实际，从回归结果来看，对农业生产率的提升不产生影响。

农业政策改革时间段虚拟变量（*dum_s$_i$*）对农业生产率的影响均在1%的

水平下显著为正，dum_s_1 代表农业政策改革的第一阶段 1979—1984 年，影响系数为 0.120，dum_s_2 代表农业政策改革的第二阶段 1985—1991 年，影响系数为 0.118，dum_s_3 代表农业政策改革的第三阶段 1992—1998 年，影响系数为 0.104，dum_s_4 代表农业政策改革的第四阶段 1999—2005 年，影响系数为 0.026。从回归结果来看，农地制度改革对农业生产率的提升作用越来越小，在改革的第一阶段对农业生产率的影响作用最大，之后依次递减。

5.4 东部地区面板门槛模型估计

在采用面板门槛模型分析东部地区家庭承包责任制下农地规模经营对农业生产率的影响前，首先需要确定模型中农地规模经营（SM）存在的门槛数量，进一步依据门槛的数量和大小，建立面板门槛模型，从而可以采用固定效应模型估计面板模型数据。根据 Hansen（1999）的方法确定门槛的数量和大小，分别对面板门槛模型的单一门槛、双重门槛与三重门槛做估计，检验模型的 F 统计量，进一步地采用 Bootstrap 方法分别对单一门槛、双重门槛与三重门槛自抽样 300 次、300 次和 300 次，通过计算 p 值，判断相应的门槛效应是否显著，结果见表 5.6。

表 5.6 门槛效果自抽样检验

模型	F 值	p 值	BS 次数	临界值		
				1%	5%	10%
单一门槛	14.555**	0.030	300	19.411	13.309	8.935
双重门槛	9.987**	0.050	300	21.225	9.879	6.757
三重门槛	8.521**	0.027	300	10.764	6.754	5.506

注：***、**、* 分别代表在 1%、5%、10% 的水平下显著。

由表 5.6 可知，单一门槛的 F 值为 14.555，结果在 1% 的水平下显著，双重门槛的 F 值为 9.987，估计结果在 5% 的水平下显著，三重门槛的 F 值为 8.521，结果在 5% 的水平下显著，从而说明模型存在着三重门槛。门槛具体数值的估计结果见表 5.7。

表 5.7　门槛估计值和置信区间

模型类型	门槛估计值	95% 置信区间	
单一门槛模型	7.266	4.924	7.425
双重门槛模型			
Ito1	6.193	4.755	7.635
Ito2	7.266	4.924	7.864
三重门槛模型	6.059	3.563	7.967

由表 5.7 可知，三个门槛值中较小的估计值为 6.059，较大的门槛值为 6.193，最大的门槛值为 7.266，三个门槛的参数图分别为图 5.3、图 5.4、图 5.5。

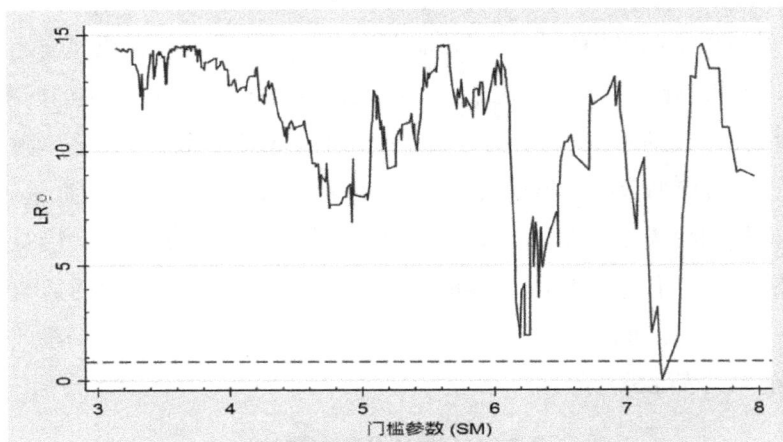

图 5.3　第一个门槛的估计值及置信区间

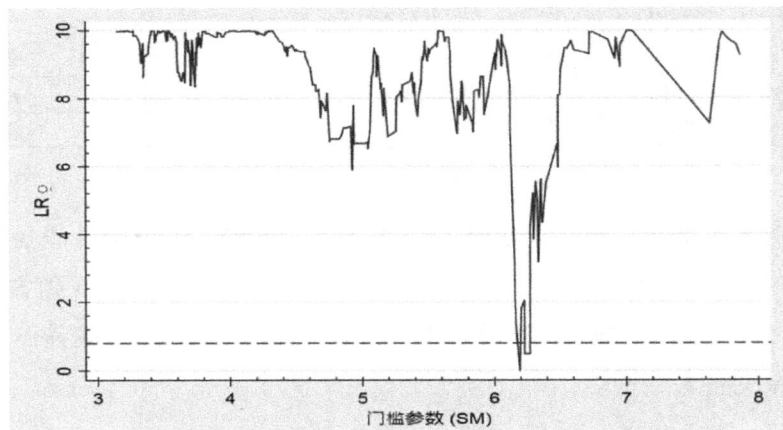

图 5.4　第二个门槛的估计值及置信区间

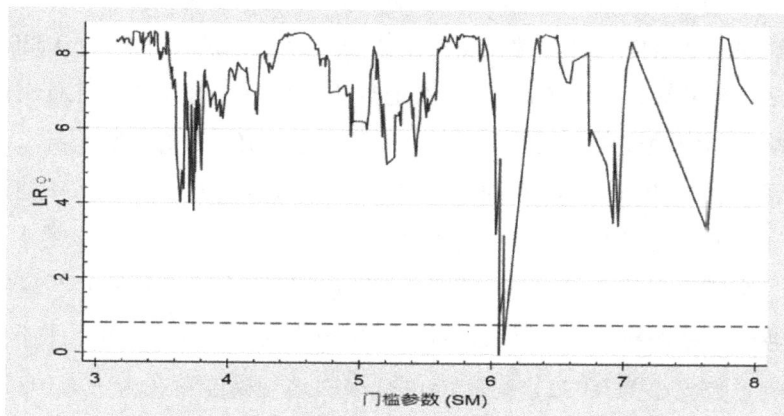

图 5.5　第三个门槛的估计值及置信区间

通过分析发现，东部地区家庭承包责任制下农地规模经营对农业生产率的影响存在三重门槛效应，需采用三重门槛建立面板数据模型进行分析。三重门槛的面板固定效应模型估计结果见表 5.8。

表 5.8　东部地区面板门槛估计结果

TE	Coef.	Std. Err.	t	p>|t|	[95% Conf. Interval]	
SM1	−0.010	0.004	−2.670	0.008	−0.018	−0.003
SM	0.022	0.008	2.720	0.007	0.006	0.038
SM3	−0.017	0.004	−4.260	0.000	−0.024	−0.009
SM4	−0.029	0.005	−6.040	0.000	−0.038	−0.019
DURB	−0.038	0.162	−0.230	0.815	−0.356	0.280
IND	−0.100	0.092	−1.090	0.278	−0.280	0.081
LPNI	0.079	0.019	4.220	0.000	0.042	0.116
DTRC	0.000	0.001	0.020	0.981	−0.001	0.001
DSR	0.005	0.030	0.180	0.858	−0.054	0.064
PLS	−0.261	0.078	−3.330	0.001	−0.415	−0.107
EPP	−0.181	0.235	−0.770	0.442	−0.642	0.281
dum_s1	0.090	0.037	2.420	0.016	0.017	0.163
dum_s2	0.119	0.029	4.060	0.000	0.061	0.177
dum_s3	0.124	0.022	5.530	0.000	0.080	0.169
dum_s4	0.060	0.017	3.450	0.001	0.026	0.094
_cons	0.511	0.166	3.080	0.002	0.184	0.838
sigma_u	0.059					
sigma_e	0.074					
rho	0.389	（fraction of variance due to u_i）				

F（15，392）= 12.89；模型的显著性检验结果为：Prob>F=0.000，表明面板门槛模型在整体上是非常显著的，代表拟合优度的组内 R^2 为 0.3304。

由表 5.8 可知，变量 $SM1$ 代表农地规模经营在小于 6.059 时对农业生产率的影响，与农地规模经营在大于 6.059 且小于 6.193 时的影响差异，也即农地规模经营在小于 6.059 时对农业生产率的影响系数为 $SM1$ 与 SM 的系数之和，可知农地规模经营在小于 6.059 时对农业生产率的影响在 1% 的水平下显著为正，影响系数为 0.012；SM 代表农地规模经营在大于 6.059 且小于 6.193 时对农业生产率的影响，可知 SM 对农业生产率的影响在 1% 的水平下显著为正，影响系数大小为 0.022；变量 $SM3$ 代表农地规模经营在大于 6.193 时且小于 7.266 时对农业生产率的影响，与农地规模经营在大于 6.059 且小于 6.193 时的影响差异，也即农地规模经营在大于 6.193 时且小于 7.266 时对农业生产率的影响系数为 $SM3$ 与 SM 的系数之和，可知农地规模经营在大于 6.193 时且小于 7.266 时对农业生产率的影响在 1% 的水平下显著为正，影响系数为 0.005；变量 $SM4$ 代表农地规模经营在大于 7.266 时对农业生产率的影响，与农地规模经营在大于 6.059 且小于 6.193 时的影响差异，也即农地规模经营在大于 7.266 时对农业生产率的影响系数为 $SM4$ 与 SM 的系数之和，可知农地规模经营在大于 7.266 时对农业生产率的影响在 1% 的水平下显著为负，影响系数为 -0.007。通过分析可知，东部地区随着农地规模经营的扩大，对农业生产率的影响先是上升，之后下降，当农地规模经营大于 7.266 时，对农业生产率产生不利影响。因此对于东部地区来说，农地规模经营并不是越大越好，需要保持农地适度规模经营，经营规模不可以大于 7.266。

农村城市化（$DURB$）对农业生产率的影响并不显著。东部地区农村城市化一方面可以提高农村的经济生活水平，有利于农业生产率的提升，但另一方面农村城市化导致大量的青壮年进城务工，不利于农业生产率的提高，从总体来看，对农业生产率的影响并不显著。

农村工业化（IND）对农业生产率的影响并不显著。东部地区农村工业化一方面可以提高农村的经济生活水平，有利于农业生产率的提升，但另一方面导致大量的青壮年进城务工，不利于农业生产率的提高，从总体来看，对农业生产率的影响并不显著。

农村居民家庭人均纯收入（LPNI）在 1% 的显著水平下对农业生产率产生正向影响，影响系数为 0.079。东部地区提升农村居民家庭人均纯收入，有利于提高农民的生产积极性，对农业生产率的提高具有显著影响。

运输便利度（DTRC）对农业生产率的影响并不显著。运输便利度的提高一方面可以提高农村的经济生活水平，有利于农业生产率的提升，但另一方面交通运输方便导致大量的青壮年进城务工，不利于农业生产率的提高，从总体来看，对农业生产率的影响并不显著。

受灾率（DSR）对农业生产率的影响并不显著，东部地区抗灾能力较强。

农业种植结构（PLS）在 1% 的显著水平下对农业生产率产生负向影响，影响系数为 –0.261。从回归结果来看，东部地区粮食作物播种面积提升对农业生产率产生负向影响，说明现阶段粮食作物的生产率较低，这也是农民选择弃耕或者改种其他经济作物的重要原因。

农林水事务支出占比（EPP）对农业生产率的影响并不显著，增加支出试图提升农业生产率的做法并不切实际，从回归结果来看，在东部地区对农业生产率的提升不产生影响。

农业政策改革时间段虚拟变量（dum_s_j）对农业生产率的影响均显著为正，dum_s_1 代表农业政策改革的第一阶段 1979—1984 年，影响系数为 0.090；dum_s_2 代表农业政策改革的第二阶段 1985—1991 年，影响系数为 0.119；dum_s_3 代表农业政策改革的第三阶段 1992—1998 年，影响系数为 0.124；dum_s_4 代表农业政策改革的第四阶段 1999—2005 年，影响系数为 0.060。从回归结果来看，东部地区农地制度改革对农业生产率的提升作用先增加后减小，最近几年农地制度改革对农业生产率的提升作用越来越小。

5.5 中部地区面板门槛模型估计

在采用面板门槛模型分析中部地区家庭承包责任制下农地规模经营对农业生产率的影响前，首先需要确定模型中农地规模经营（SM）存在的门槛数量，进一步依据门槛的数量和大小，建立面板门槛模型，从而可以采用固定效应模型估计面板模型数据。根据 Hansen（1999）的方法确定门槛的数量和大小，分别对面板门槛模型的单一门槛、双重门槛与三重门槛做估计，检验模型的 F 统计量，进一步地采用 Bootstrap 方法分别对单一门槛、双重门槛与三重门槛自抽样 300 次、300 次和 300 次，通过计算 p 值，判断相应的门槛效应是否显著，结果见表 5.9。

表 5.9　门槛效果自抽样检验

模型	F 值	p 值	BS 次数	临界值		
				1%	5%	10%
单一门槛	25.970**	0.047	300	39.214	25.026	19.296
双重门槛	14.156	0.130	300	28.816	22.821	17.770
三重门槛	8.588	0.233	300	34.786	20.095	15.143

注：***、**、* 分别代表在 1%、5%、10% 的水平下显著。

由表 5.9 可知，单一门槛的 F 值为 25.970，结果在 5% 的水平下显著，双重门槛的 F 值为 14.156，三重门槛的 F 值为 8.588，结果不显著，从而说明模型存在着单一门槛。门槛具体数值的估计结果见表 5.10。

表 5.10　门槛估计值和置信区间

模型类型	门槛估计值	95% 置信区间	
单一门槛模型	5.339	3.775	5.544
双重门槛模型			
Ito1	3.775	3.775	8.667
Ito2	5.319	5.070	12.415
三重门槛模型	14.897	4.686	15.884

由表 5.10 可知，单一门槛的估计值为 5.339，单一门槛的参数图见图 5.6。

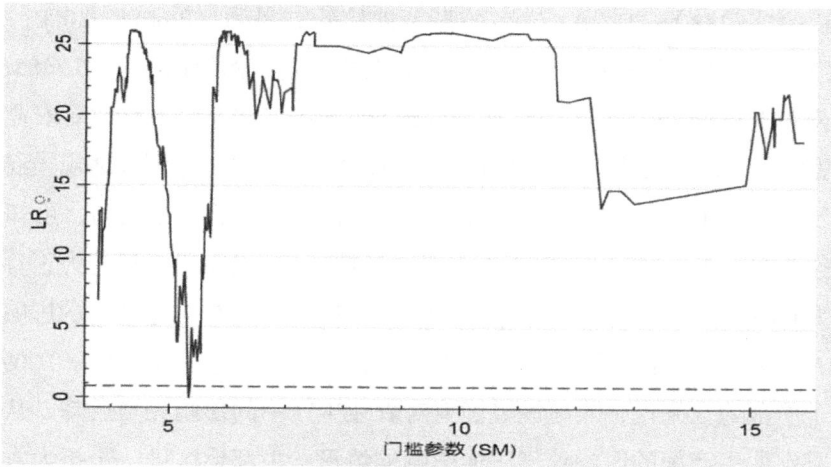

图 5.6 单一门槛的估计值及置信区间

通过分析发现，中部地区家庭承包责任制下农地规模经营对农业生产率的影响存在单一门槛效应，需采用单一门槛建立面板数据模型进行分析。单一门槛的面板固定效应模型估计结果见表 5.11。

表 5.11 中部地区面板门槛估计结果

TE	Coef.	Std. Err.	t	p>|t|	[95% Conf. Interval]	
SM1	0.008	0.003	2.540	0.012	0.002	0.014
SM	0.009	0.005	1.960	0.051	0.000	0.019
DURB	0.153	0.245	0.620	0.534	−0.329	0.635
IND	−0.603	0.112	−5.370	0.000	−0.825	−0.382
LPNI	0.081	0.017	4.670	0.000	0.047	0.115
DTRC	−0.001	0.000	−1.410	0.158	−0.002	0.000
DSR	−0.040	0.029	−1.370	0.171	−0.097	0.017
PLS	−0.318	0.096	−3.310	0.001	−0.507	−0.129
EPP	0.038	0.133	0.280	0.778	−0.224	0.300
dum_s1	0.047	0.038	1.220	0.224	−0.029	0.122
dum_s2	0.017	0.029	0.590	0.557	−0.041	0.075
dum_s3	0.048	0.023	2.060	0.040	0.002	0.093
dum_s4	−0.020	0.017	−1.180	0.238	−0.053	0.013
_cons	1.001	0.186	5.370	0.000	0.635	1.368
sigma_u	0.054					
sigma_e	0.058					
rho	0.464	（ fraction of variance due to u_i ）				

F（13，283）= 12.70；模型的显著性检验结果为：Prob>F=0.000，表明面板门槛模型在整体上是非常显著的，代表拟合优度的组内 R^2 为 0.3685。

由表 5.11 可知，变量 $SM1$ 代表农地规模经营在小于 5.339 时对农业生产率的影响，与农地规模经营在大于 5.339 时的影响差异，也即农地规模经营在小于 5.339 时对农业生产率的影响系数为 $SM1$ 与 SM 的系数之和，可知农地规模经营在小于 5.339 时对农业生产率的影响在 5% 的水平下显著为正，影响系数为 0.017；SM 代表农地规模经营在大于 5.339 时对农业生产率的影响，可知 SM 对农业生产率的影响在 10% 的水平下显著为正，影响系数为 0.009。因此对于中部地区来说，农地规模经营对农业生产率的影响先增后降，从分析来看对农业生产率的影响处于正向影响的情形，中部地区进一步扩大农地规模经营依然能够促进农业生产率的提升。

农村城市化（$DURB$）对农业生产率的影响并不显著。中部地区农村城市化一方面可以提高农村的经济生活水平，有利于农业生产率的提升，但另一方面导致大量的青壮年进城务工，不利于农业生产率的提高，从总体来看对农业生产率的影响并不显著。

农村工业化（IND）在 1% 的显著水平下对农业生产率产生负向影响，影响系数为 –0.603。从回归结果来看，中部地区工业化的发展并没有显著提升农业生产率，反而对农业生产率产生负向影响，这可能是与中部地区土地耕作机械化应用不高有关。

农村居民家庭人均纯收入（$LPNI$）在 1% 的显著水平下对农业生产率产生正向影响，影响系数为 0.081。中部地区提升农村居民家庭人均纯收入，有利于提高农民的生产积极性，对农业生产率的提高具有显著影响。

运输便利度（$DTRC$）对农业生产率的影响并不显著。运输便利度的提高一方面可以提高农村的经济生活水平，有利于农业生产率的提升，但另一方面交通运输方便导致大量的青壮年进城务工，不利于农业生产率的提高，从总体来看对农业生产率的影响并不显著。

受灾率（DSR）对农业生产率的影响并不显著，中部地区抗灾能力较强。

农业种植结构（PLS）在 1% 的显著水平下对农业生产率产生负向影响，

影响系数为 –0.318。从回归结果来看，中部地区粮食作物播种面积提升对农业生产率产生负向影响，说明现阶段粮食作物的生产率较低，这也是农民选择弃耕或者改种其他经济作物的重要原因。

农林水事务支出占比（EPP）对农业生产率的影响并不显著，增加支出试图提升农业生产率的做法并不切实际，从回归结果来看，在中部地区对农业生产率的提升不产生影响。

农业政策改革时间段虚拟变量（dum_s_j）对农业生产率的影响为，dum_s_1 代表农业政策改革的第一阶段 1979—1984 年，影响系数为 0.047，并不显著；dum_s_2 代表农业政策改革的第二阶段 1985—1991 年，影响系数为 0.017，并不显著；dum_s_3 代表农业政策改革的第三阶段 1992—1998 年，影响系数为 0.048，在 5% 的水平下显著；dum_s_4 代表农业政策改革的第四阶段 1999—2005 年，影响系数为 –0.020，并不显著。从回归结果来看，中部地区农地制度改革对农业生产率的提升作用先增加后减小，最近几年农地制度改革对农业生产率的提升作用越来越小。

5.6 西部地区面板门槛模型估计

在采用面板门槛模型分析西部地区家庭承包责任制下农地规模经营对农业生产率的影响前，首先需要确定模型中农地规模经营（SM）存在的门槛数量，进一步依据门槛的数量和大小，建立面板门槛模型，从而可以采用固定效应模型估计面板模型数据。根据 Hansen（1999）的方法确定门槛的数量和大小，分别对面板门槛模型的单一门槛、双重门槛与三重门槛做估计，检验模型的 F 统计量，进一步地采用 Bootstrap 方法分别对单一门槛、双重门槛与三重门槛自抽样 300 次、300 次和 300 次，通过计算 p 值，判断相应的门槛效应是否显著性，结果见表 5.12。

表 5.12　门槛效果自抽样检验

模型	F 值	p 值	BS 次数	临界值		
				1%	5%	10%
单一门槛	39.839***	0.007	300	35.348	29.064	24.268
双重门槛	4.387	0.217	300	9.602	7.848	6.707
三重门槛	16.231*	0.053	300	26.508	17.645	12.136

注：***、**、*分别代表在 1%、5%、10% 的水平下显著。

由表 5.12 可知，单一门槛的 F 值为 39.839，结果在 1% 的水平下显著，双重门槛的 F 值为 4.387，结果不显著，三重门槛的 F 值为 16.231，在 10% 的水平下显著，从而说明模型存在着单一门槛。门槛具体数值的估计结果见表 5.13。

表 5.13　门槛估计值和置信区间

模型类型	门槛估计值	95% 置信区间	
单一门槛模型	4.403	4.249	4.515
双重门槛模型			
Ito1	2.828	2.499	8.253
Ito2	4.391	4.249	4.455
三重门槛模型	3.015	2.971	4.765

由表 5.13 可知，单一门槛的估计值为 4.403，单一门槛的参数图见图 5.7。

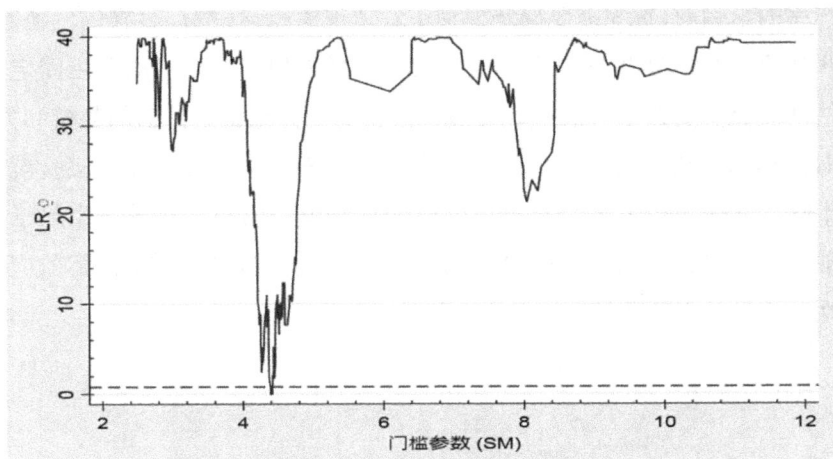

图 5.7　单一门槛的估计值及置信区间

通过分析发现，西部地区家庭承包责任制下农地规模经营对农业生产率的影响存在单一门槛效应，需采用单一门槛建立面板数据模型进行分析。单一门槛的面板固定效应模型估计结果见表 5.14。

表 5.14　西部地区面板门槛估计结果

TE	Coef.	Std. Err.	t	p>|t|	[95% Conf. Interval]	
SM1	−0.008	0.002	−3.780	0.000	−0.012	−0.004
SM	0.002	0.004	0.490	0.627	−0.006	0.011
DURB	0.045	0.052	0.860	0.388	−0.058	0.148
IND	−0.312	0.067	−4.660	0.000	−0.443	−0.180
LPNI	0.061	0.012	5.120	0.000	0.038	0.085
DTRC	−0.004	0.001	−3.990	0.000	−0.005	−0.002
DSR	−0.089	0.020	−4.480	0.000	−0.128	−0.050
PLS	−0.332	0.063	−5.290	0.000	−0.455	−0.209
EPP	−0.278	0.090	−3.080	0.002	−0.456	−0.101
dum_s1	0.064	0.025	2.540	0.011	0.015	0.114
dum_s2	0.071	0.020	3.500	0.001	0.031	0.112
dum_s3	0.040	0.016	2.470	0.014	0.008	0.072
dum_s4	−0.035	0.012	−3.000	0.000	−0.058	−0.012
_cons	1.041	0.119	8.730	0.000	0.807	1.276
sigma_u	0.051					
sigma_e	0.047					
rho	0.544	（fraction of variance due to u_i）				

$F(13, 394) = 27.36$；模型的显著性检验结果为：Prob>F=0.000，表明面板门槛模型在整体上是非常显著的，代表拟合优度的组内 R^2 为 0.4744。

由表 5.14 可知，变量 $SM1$ 代表农地规模经营在小于 4.403 时对农业生产率的影响，与农地规模经营在大于 4.403 时的影响差异，也即农地规模经营在小于 4.403 时对农业生产率的影响系数为 $SM1$ 与 SM 的系数之和，可知农地规模经营在小于 4.403 时对农业生产率的影响在 1% 的水平下显著为负，影响系数为 −0.006；SM 代表农地规模经营在大于 4.403 时对农业生产率的影响，可知 SM 对农业生产率的影响并不显著。因此对于西部地区来说，农地规模经营对农业生产率的影响先下降，后影响不明显，从分析来看西部地区适合小规模的农地经营。

农村城市化（*DURB*）对农业生产率的影响并不显著。同样西部地区农村城市化一方面可以提高农村的经济生活水平，有利于农业生产率的提升，但另一方面导致大量的青壮年进城务工，不利于农业生产率的提高，从总体来看，对农业生产率的影响并不显著。

农村工业化（*IND*）在 1% 的显著水平下对农业生产率产生负向影响，影响系数为 −0.312。从回归结果来看，西部地区工业化的发展并没有显著提升农业生产率，反而对农业生产率产生负向影响，这可能是由于西部地区土地耕作机械化应用不高。

农村居民家庭人均纯收入（*LPNI*）在 1% 的显著水平下对农业生产率产生正向影响，影响系数为 0.061。西部地区提升农村居民家庭人均纯收入，有利于提高农民的生产积极性，对农业生产率的提高具有显著影响。

运输便利度（*DTRC*）在 1% 的显著水平下对农业生产率产生负向影响，影响系数为 −0.004。从回归结果来看，西部地区运输便利度提升对农业生产率产生负向影响，说明运输便利导致大量的青壮年进城务工，不利于农业生产率的提高。

受灾率（*DSR*）在 1% 的显著水平下对农业生产率产生负向影响，影响系数为 −0.089，表明西部地区抗灾能力较弱。

农业种植结构（*PLS*）在 1% 的显著水平下对农业生产率产生负向影响，影响系数为 −0.332。从回归结果来看，西部地区粮食作物播种面积提升对农业生产率产生负向影响，说明现阶段粮食作物的生产率较低，这也是农民选择弃耕或者改种其他经济作物的重要原因。

农林水事务支出占比（*EPP*）在 1% 的显著水平下对农业生产率产生负向影响，影响系数为 −0.278。从回归结果来看，西部地区农林水事务支出增加对农业生产率产生负向影响，说明在西部地区要靠支出增加来提升生产率的做法并不现实，反而应该减少相关支出。

农业政策改革时间段虚拟变量（dum_s_j）对农业生产率的影响均为显著，dum_s_1 代表农业政策改革的第一阶段 1979—1984 年，影响系数为 0.064，在 5% 的水平下显著；dum_s_2 代表农业政策改革的第二阶段 1985—1991 年，影响系数为 0.071，在 1% 的水平下显著；dum_s_3 代表农业政策改革的第三阶段 1992—1998 年，影响系数为 0.040，在 5% 的水平下显著；dum_s_4 代表农业政策改革的第四阶段 1999—2005 年，影响系数为 −0.035，在 1% 的水平下显著。从回归结果来看，西部地区农地制度改革对农业生产率的提升作用先增加后减小，最近几年农地制度改革对农业生产率的提升作用又有所提升。

5.7 农地制度对规模经营的制约分析

近年来，农业标准化发展驱动了农地规模化经营，现代农业基础设施和设备投入客观上也要求农地规模化经营；同时，农地经营规模的扩大也利于经营主体增强其市场可得性和信贷、保险可获性。然而，农地经营规模扩大在现实中受诸多因素的影响，其中主要的有三个方面：一是存在着农地转入的制约因素；二是存在着农地流转的制约因素；三是农地资源、经济条件和社会条件制约着经营规模的扩大。

5.7.1 农地转入制约因素分析

第一，农地确权与否、确权的明晰程度影响着农地的转入。2002 年以来，随着国家一系列政策法规的相继出台，农地产权完整性、稳定性得到进一步保障，有利于农地的长期转入。首先，明确了经营权（使用权）的排他性，从而杜绝了农地交易纠纷产生的根源。其次，明确了收益权独享性，可对农户形成长期投资激励，防止农户短期行为的发生。再次，明确了经营权的可转让性，便利了农地经营权的转移，有利于有意愿扩大经营规模的农户实现农地的转入和农地的集中。然而，部分地区农地确权还没有到位，使得农户所拥有的农地产权不完全，从而抑制了农地转入。因为当农地产权未被充分界定时，转入主体就不能将全部成本和收益纳入决策，农地流转就会存在外部性，经济效益就会受到影响。

第二，规模化、集中化的农地信息流转平台尚未成型，造成交易双方沟通不便。目前我国仍然没有一个高度集中化且功能齐全的农地流转信息平台，使得转入主体必须花费大量时间和货币成本去收集相关信息，包括愿意转让的农地面积、位置、等级及价格等，这无疑降低了农地流转的效率。而规模化、集中化的信息流转平台可以在很大程度上解决这一问题，提高流转双方交易的成功率，扩大转入农地交易的范围和规模。但是，目前我国仅存在地方性的农地信息流转平台，且功能不齐全。

第三，农户组织化程度不高，使得转入主体需要承担很高的额外成本。由于各地的农地自然条件不同、非农就业机会不同、所拥有地块质量不同，因此，各个农户对农地的依赖程度是不同的，对农地租金水平期望值也不同，加上各农户承包地的细碎化，这就使得农地转入主体为了实现农地规模连片，必须承担巨大的协商和签订合约成本，农户组织化可大幅度降低这一成本。农户组织化可以通过多种形式来实现，可以是村集体的形式，可以是村民小组集体的形式，也可以是农民自愿形成的其他形式。农户组织化实现以后，便于在组织内进行协调，根据农地转入者的要求，提供连片的农地;同时，农户组织可以代表农地转出者与转入者进行签约谈判，节约签约成本。农户组织化过程中的核心问题，是要保护好农地承包者的权益。

5.7.2 农地流转政策对规模化的制约分析

（1）农地流转政策有待完善

我国目前已经出台了一些农地流转政策，在一定程度上提高了农地流转的效率，但仍然存在一定的缺陷，对规模化流转形成制约。

从激励农地转出的角度观察，一些地区政府对实行了成片农地流转的农户，主要以为其提供一次性或者多年连续补助、优先安排就业以及提供社会保障的形式，保障农户的后续生活;部分地区则实行"土地换社保"的政策来达到激励农户转出农地的效果。上述降低农户自营农地的比较优势、实施各种优惠福利举措的激励政策，在现实中对提高农户转出农地的意愿是有一定帮助的。对于转出了农地的农户，政府为其提供就业培训及推介方面的援助措施，减少了劳动力进行转移时的阻碍;在社会保障方面的安排，也可以在相当程度上替代原先农地对农户所起的社会保障功能。但是，由于就业在许多地方仍然是一个充满不确定性的因素，对于部分农户来说，心理上总感觉各种风险仍然难以完全分摊，因而在转出农地时疑虑颇多，倾向采用短期转让农地或者在转让的同时保留部分农地的做法。另外，部分地区政府采用的"土地换社保"的做法，在实际应用中农民也是对其反响平平，很多地区农户参与此计划的积极性并不高。这是因为，农民认为社会保障本身就是应该由政府来提供的公共产品，而"土地换社保"的政策无疑对于农户来说存在着不公平的意味，并且土地的保障功能很难具体量化，因此"土地换社保"的保障力度也难以准确衡定。

从激励农地转入的角度观察，不少地方政府为了加大农地转入主体对农地的引入力度，快速推进农地规模化流转进程，出台了一系列覆盖面较广且力度较大的政策措施。为了有效提高农地转入规模，政府对于流转面积达到一定数量、流转期限达到一定时长的主体实行财政上的补助及奖励。具体形式有资金扶持、税费减免和政策优惠等，并且政府有时候也会牵头为农地转入主体协调融资贷款、担保及农业保险方面的事宜。此外，为了满足农地转入主体进行农业生产时建设用地等方面的需要，政府也允许其使用一定比例的农地用于经营管理用途的建筑。上述政策措施无疑都有利于提高农地转入主体的积极性，但其中也存在贷款逆向选择、项目资金套取及未按事先约定使用农地等相关问题。部分地区政府急于扩大农地流转规模，甚至在对农地流转主体的资质审核时过于宽松，导致后续一系列不合规行为的发生，影响了农地的流转。

（2）农地流转过程管理要进一步加强

在流程设置上，目前政府相关部门主要通过对农地进行确权、建立服务中心、引导激励农户建立农地股份合作社等，为农地流转交易双方提供便利，确保交易流程顺利完成。相应的信息中心及服务平台的建设，能够减少双方收集、确认信息的时间成本，降低交易中的不确定性，但我国部分乡镇农地流转的服务机构存在权责不明、部门设立不健全以及内部管理效率不高等问题，导致在经办农地流转相关事项时问题频出，没有很好地起到经办机构及服务中介的作用。

农地流转率是我国许多地方县乡（镇）政府行政绩效考核内容的一部分，为了确保农地流转达到一定规模，完成农地流转率指标任务，一些地方采取依托规模化的农地转出建立农业园区的形式。在追求规模化农地流转的实践中，往往容易导致越权行为的产生，以及行政性价格调整现象的形成，从而损害农户的利益，产生不稳定因素，这也增加了农地交易的风险，反而不利于农地交易规模化顺利健康地实现。此外，作为农户组织性质的农地股份合作社，目前在法律及政策上的地位都不明确，对这类组织在形式及管理方面也没有有效的约束及指引，这也带来后续发生纠纷的潜在风险。

5.7.3 农地规模经营受农地资源、经济发展水平、社会条件等的制约

就自然资源条件看，农地数量、农地分布状况等对农地规模经营有着重要影响。我国人均耕地面积小，农村劳动力数量过剩，影响着农地经营规模的扩大。丘陵地区、山区的农地不利于农业机械的操作，加上水利灌溉条件不理想，也阻碍着农地经营规模的扩大，在江西农村的调查中，我们发现撂荒的农地多是坡地。同时，我国在实行家庭承包农地的过程中，承包地块零碎化的现象相当普遍，这也不利于农地经营规模的扩大。

一个地区的经济发展水平，对农地的规模经营会产生多方面的影响。经济越发展，农民的收入水平越高，带动着农民受教育水平的提高和投入农地资本数量的增加，对农地规模经营的发展有利；经济发展水平高，可减轻农地的社会保障功能，也有利于农地经营规模的扩大。不过，经济较发达的地区，由于就业门路更广，从事非农产业的收入更高，会影响当地农民扩大农地经营规模的积极性。

社会条件也会影响农地规模经营发展，比如农产品价格，如果农产品价格低，就会影响农地经营收益，则农民就不会有扩大农地经营规模的想法；比如农地流转市场，如果没有健全的农地流转市场，农地流转困难，就不利于农地经营规模的扩大；又比如农地所承担的社会保障功能，农地承担的社会保障功能越重，就越不利于农地经营规模的扩大。

5.8 本章小结

从全国范围内来看，农地制度改革对农业生产率的提升作用越来越小，在改革的第一阶段对农业生产率的影响作用最大，之后依次递减。农地规模经营的扩大，对农业生产率的影响是一个逐步减小的过程，但从目前的农地

规模经营水平来看，提高农地规模经营水平依然有利于提升农业生产率。

分地区看，东部地区、中部地区农地制度改革对农业生产率的提升作用先增加后减小，最近几年农地制度改革对农业生产率的提升作用越来越小；西部地区农地制度改革对农业生产率的提升作用先增加后减小，但最近几年农地制度改革对农业生产率的提升作用又有所提升。农地规模经营对农业生产率的影响，东部地区随着农地规模经营的扩大，对农业生产率的影响先是上升，之后下降，当农地规模经营大于 7.266 时，对农业生产率产生不利影响，因此对于东部地区来说，经营规模不可大于 7.266；中部地区农地规模经营对农业生产率的影响先增后降，目前对农业生产率的影响处于正向影响的情形，因此，中部地区进一步扩大农地规模经营，依然能够促进农业生产率的提升；西部地区农地规模经营对农业生产率的影响先下降，后影响不明显，因此，西部地区适合小规模的农地经营。

第 6 章
国外农地制度变迁对农业生产率的影响

本章探讨国外农地制度变迁对农业生产率的影响，分别分析韩国、日本、印度的农地制度变迁和农业生产率的变化情况，进一步探寻农地制度变迁和农业生产率的关系。本章所采用的数据来源于 Wind 数据库。

6.1　韩国农地制度变迁对农业生产率的影响

6.1.1　韩国农地资源情况

韩国国土面积 1000 多万公顷，在 2013 年时农地总面积为 171 万公顷，占国土面积的 17.1%；在农地面积中有 96.4 万公顷是水稻田，约占农地面积的 56.4%。在韩国的农地资源中，有 80.8 万公顷被划为受保护的农业发展区，以保证其国内长久的粮食安全。目前，韩国农地总面积中的 47.2% 都是属于农业发展区。不过，韩国的农业发展区也经历了一定的曲折：自 20 世纪 70 年代开始，韩国农地总面积就开始逐步减少；1992 年到 2005 年间，由于国家的重视，农业发展区的面积有所增长；但这之后又出现缩小的情况，尤其在 2007 年和 2008 年，由于韩国部分县市区域取消了相关规划，使农业发展区面积有较大的缩减。

韩国目前人均耕地面积为 0.04 公顷，这个数字相对于全球其他农地资源丰富的国家来说是明显偏少的。目前美国人均耕地面积高达 0.53 公顷，是韩国的近 13 倍多。就是与人口密集的欧洲许多国家相比，韩国的人均耕地面积也显得很匮乏，如法国为人均 0.5 公顷，是韩国的 12.5 倍，英国人均也有 0.3 公顷，是韩国的 7.5 倍；与我国相比，不到我国人均耕地面积的一半。过小的人均耕地面积使得韩国的粮食自给率维持在相当的低位。虽然韩国政府一直对粮食作物的耕种进行投入，且成功地实现了稻米作物自给，但是，到 2013 年，谷类自给率仍仅为 23.1%。

值得一提的是，由于韩国国内的稻米消费总额不断走低，加上一直以来进口农产品的冲击，其国内也持续发生农地闲置、休耕或转变为森林的尴尬情况，每年闲置废耕转型的农地面积高达 4 万公顷，其中有 1.5 万公顷被转为建筑用地等非农业用途。因此，如何遏止农地资源不断流失的势头，并尽可能地扩大农地资源，是韩国农地政策需要正视和解决的首要问题。

6.1.2 韩国农地制度变迁

根据韩国《农地法》的相关规定，农地资源是稀有珍贵的国家资源，不仅能够提供粮食产出，也是保持国家领土环境的基础。因此 Im 强调，在发展经济的同时，需要在农地资源的保护与利用方面较为审慎地进行平衡，以维护公众利益及确保国家长远稳定发展。比如，《农地法》第三条对于农地权利的行使，就规定其原则为农有农用，在农地使用过程中需要遵循一系列的限制并承担一定的责任。《农地法》还确立了在农地获取方面的资格认证办法，即在农地买卖中，只有通过检验具有务农能力、通过农地所有权面积限制查验，并且经评定在农业方面有发展潜力者才能作为农地资源的买方。比外，如果已取得农地资源者在后续使用中违反了之前约定的申请目的，则政府可依据《农地法》中订立的产权处置以及强制执行等措施来对其进行处理，用这样严格的措施来确保耕者有其田和农地农有农用的原则。[①]

韩国自 1949 年制定《农地改革法》以来，把农地农有农用的原则确立为农地政策施行的根本。《农地改革法》颁布的目标就在于彻底改变往昔不公、不合理的地主佃农制度，对自耕农进行充分扶持，从而建立稳定的农村社会

① Im, Jeongbin. Farmland Polices of Korea［R］. Seoul：Seoul National University, 2013：1—20.

并促进农业发展。

在农地改革的具体施政措施方面，韩国政府是通过对地主农地进行购买及对实际进行耕种的农民进行再分配来完成。每名自耕农最高可分配 3 公顷农地，而非自耕农则每人只能拥有不高于 3 公顷的农地。韩国政府对农地获取资格的管制方式是核发农地交易证照，确保其《农地改革法》的原则能够有效落实。因此可以说农地所有面积上限的设立以及农地交易认证这两项制度，对韩国农地农有农用的原则落实具有明显推动作用。①

韩国自 20 世纪 60 年代后期开始，随着工业化与都市化的进程加快，农地资源不断受到挤占，大量农地变为非农用地。进入 20 世纪 70 年代，韩国先后经历了石油危机及粮食短缺，1972 年，韩国意识到农地资源的战略意义并制定了《农地保存与利用法》，对农地转为非农业用地做出了诸多限制，以达到保护农地资源的目的。该部法律的核心在于首先区分出不可变更用途的"绝对农地"和符合一定条件可变更其用途的"相对农地"。大部分水稻田均属于前者。对于后者，如果需要变更其用途，相关申请人需要按照规定取得政府的许可，并给农地管理基金缴纳一定数额的回馈金。按照相关规定，这部分回馈金以后会被政府用于开发其他农耕用地资源。

但就现实而言，由于部分农家子女后代不再务农、农地继承问题及农地本身价格的提高，带来了非农民持有农地数量不断增长的问题，这是与耕者有其田的原则相违背的。针对此种情况，韩国在 1986 年又制定了《农地租赁管理法》，在农地租赁方面的管制有所放松，以促进农业结构调整优化。到了 20 世纪 80 年代后期，韩国又面临开放国内农产品市场的国际压力，因此必须提高国内农业企业的整体竞争力。韩国随即又出台了《农渔村发展特别措施法》，进一步放松了对农地资源的管制，比如农业企业也可拥有农地所有权。

纵观韩国在农地资源方面的立法历程，1949 年的《农地改革法》中企业是无权拥有农地所有权的，拥有农地的所有权及使用权者只能是自耕家庭农场。而到了后来的《农渔村发展特别措施法》中，企业也可拥有农地所有权。

---

① KREI. Agriculture in Korea [R]. Korea：Korea Rural Economic Institute, 2015：55-70.

这一点是韩国农地政策的标志性转变，也意味着农地资源的保护及管理模式发生了根本改变。在新的农地资源管理体系中，沿用已久的以个别地块为基础的农地保护制度被废除，也不再区分绝对或相对农地，而改用基于分区的农地保护制度，并设立农业发展区，对优质的集体农地进行管理保护。

此外韩国为了有效应对进口农产品带来的冲击，还将沿用了 30 多年的农地使用及变更方面的规定予以放宽，将之前个人拥有的 3 公顷农地上限面积提高至 10 公顷。韩国在 1994 年对《农地法》再次进行了修订，将 1949 年制定的《农地改革法》、1972 年制定的《农地保存与利用法》、1986 年制定的《农地租赁管理法》、1990 年制定的《农村发展特别法》，根据现实情况进行了有机整合，放宽和取消了之前对农地的管制政策，尤其是对农地所有权的限制予以大幅度放松。[①]

根据韩国 2003 年对《农地法》的修订，非农民者可以享有对 1000 平方米以下的农地拥有权和使用权，并可将其用作体验农耕或假日农场。在 2005 年韩国实施的农地银行制度中，农地银行可长期租用农地所有者的土地，非农民者也可拥有限额面积之内的农地。

6.1.3 韩国农地法制变迁

虽然在 1994 年韩已经将《农地法》根据其国内现状进行了有机的结合与改制，但从整体角度来说对农地资源的管理仍然是由不同的法律管辖，显得较为分散。具体来说，在韩国位阶最高的根本大法为宪法，对一切土地法律法规具有提纲挈领的指导作用；在对全国领土利用与管理的整体规范方面有国土规划与利用法；在农村环境保护、休闲旅游资源开发及低生产力农地利用方面有农渔村重划法；此外涉及农地资源管理的还有岛屿开发促进法与小型乡村市镇发展促进法等。这些法律各有侧重点，过于分散且没有形成高度的系统化，在面临农地多元化发展时往往表现出不适应。

从韩国涉及农地资源管理的一系列法律中，仍然可以看出其耕者有其田的政策导向。然而一个问题就是，虽然现有法律已经规定了只有符合条件的农耕者及农业企业才能拥有农地所有权，但现实中仍然会发生一些冲突情况。

---

① KREI.Agriculture in Korea ［R］. Korea：Korea Rural Economic Institute，2015：55-70.

比如农耕者在拥有农地的情况下退出了农业经营，继承了上一辈的农地或接受农地赠予的非农耕者以及向往农耕生活的不符合条件的非农耕者或"假日农夫"等等，这些人如果拥有农地资源则不符合耕者有其田的政策原则，但其农地资源来源也确实是合法的。因此，韩国需要对农地法规进行修改，放宽对非农民者在农地所有权方面的限制，以应对这些情况。

在农地的利用、租赁及信托管理方面，韩国在 2005 年《农地法》的修订中，进一步放宽了限制，自此通过移民或继承方式取得农地所有权者，也可以将其农地出租。此外该次修订还特别对韩国农村、小区、公司在农地银行方面的业务进行了授权，银行可接受地主的长期土地信托租赁。这意味着农地租赁市场的发展空间初步打开。

此外，如前文所述，韩国政府在农地资源保护上一直采用划分农业发展区的形式，来确保优良农地能够得以充分开发利用和规范管理。被划入农业发展区的农地如果要变更为非农业用途，则需要经过申请许可等一系列烦琐的流程。部分优质农地除了耕种之外，非农业用途就仅限于建设基础设施及必要的公共设施。

韩国于 2003 年颁布实施的《国土规划与利用法》中就设立了以保护和充分利用全国土地资源为目的的分区系统，替代之前的农地管理体系。不同的国土区块上土地利用现状和管制办法均有所区别，因此产生的农地变更需求也各有不同。根据《国土规划与利用法》，韩国国土可分为都市地区、半都市地区、半农业区、农林业地区与自然环境保护区五大类型。韩国在 2014 年对相关法律法规政策的修订中，将半都市区与半农业区合并视为管理区，并细分为计划管理区、生产管理区和保护管理区三大类。其中生产管理区集中了较多的农地资源；都市区内的农地资源原则上首先以绿地形式予以保存，而非彻底被改造破坏。

6.1.4 韩国农地流转政策

自 20 世纪 50 年代开始，由于韩国加强了对新农地的开垦，国内的农地资源也不断增加，但这一趋势到了 70 年代由于城市化与工业化的推进而中止了。大量农地不断变为建筑及基础设施用地，农地总量由升转降，可耕地面积的缩减速度却要慢于整体农地的缩减速度。在 1970 年，韩国农户平均每家耕种面积为 0.93 公顷，1990 年为 1.19 公顷，2000 年为 1.37 公顷，2010 年为 1.46公顷，到了 2014 年增加到 1.51 公顷。

1990 年前后，韩国农场经营结构的差别也是比较明显的。从 1965 年到1990 年，这段时间小型农场及大型农场的数量一直在减少，而中型农场的数量却在增加，但从 20 世纪 90 年代开始，这一趋势明显逆转了。耕地面积为0.5 ~ 2 公顷的中型农场数量开始下降，而耕地面积低于 0.5 公顷的小型农场及超过 2 公顷的大型农场的数量则开始上升。从总体角度上来说，韩国农场经营平均面积虽然增速非常缓慢，大型农场逐渐将农地集中的这一势头却蔓延得较为快速。在 1995 年到 2014 年这 10 年时间里，面积在 3 公顷以上的农场占比已经由 4.7% 增长到 8.7%。[①]

虽然韩国一直以来都对农地出租进行了严格的限制，但出租农地的需求是比较旺盛的，比例也一直在不断地提高。在 1970 年有 17.8% 的农地是用于出租，而到了 1990 年这个比例增长到了 37.4%，2010 年为 47.9%，到了 2013年已达到 50%。其原因主要有以下两方面：第一，已不务农的前农民或通过继承方式取得农地的非农民的数量和比例都在上升；第二，很多农场在扩大经营规模时，产生了承租农地的需求。

另外随着 20 世纪 60 年代以后韩国经济的快速发展、城市化及工业化进程的不断推进，大量农地也被闲置或改作他用。在 1970 年，韩国有 230 万公顷的农地，而到了 2010 年仅有 171 万公顷，到了 2014 年为 169 万公顷。除了总面积减少之外，其利用情况也不容乐观，一方面存在劳动力及基础设施短缺的状况，另一方面又面临国外低价农产品的竞争压力，导致不断有农地被废耕或闲置。

在农地向非农用途的转变中，占比最高的是用于政府及公共设施的建设。而用于农业设施建设的比例非常低。在 20 世纪 90 年代之前，韩国政府对于农地用途变更方面的限制是比较严格的，但由于之后一系列实际需要在用途

---

① KREI.Agriculture in Korea［R］. Korea：Korea Rural Economic Institute，2015：55-70.

和数量上都逐渐放宽。2000 年之后，城市化建设的大量土地都是由农业发展区内的农地变更而来，在这期间，大量优质农地都变为非农用途，无疑对韩国国内农地资源造成了较为严重的损失。

另外根据韩国 2007 年对《农地法》的修订，农民可以在自有农地上进行畜牧饲养并建造饲养场而无须政府的额外批准，这也是令农地用途发生变更的因素之一。从整体来看，社会进步及经济发展是韩国农地变更的主要推动力。

在韩国农场规模的变化过程中，主要影响因素就是农地流动政策的变化。韩国农地流动政策进行调整的目标之一就是促使农场规模整体提高，从而促进农业结构的改善。为了实现这一目标，韩国从 20 世纪 90 年代开始就实行了一系列扩大农场规模的配套措施及农地银行计划。在农场规模的扩大方面，韩国政府通过放宽农地交易、租赁、分割及合并方面的限制，来促使农地进一步集中，农场规模能够随之增大，从而使得农场具备更低的生产成本以及更高的竞争力。另外值得一提的是，韩国自从 2004 年颁布整合扩大农场规模计划及稻米产业综合发展计划之后，将农地资源保护及利用方面的计划目标、补助资格及贷款利率也进行了修改。政策目标包含了对 70 万家稻农的直接扶持，促使其平均水稻田经营面积达到 6 公顷以上。在该政策实行之后，2013年一半以上的韩国稻田经营主体都已经达到了此规模要求，总面积高达 42 万公顷。另外农场规模扩大计划中贷款的核发总量达到了 6.8 兆韩元，实现了农地扩张及集中化目标的农地总量高达 16.7 万公顷。水稻农场的平均面积由1995 年的 2.5 公顷跃升至 2013 年的 5.9 公顷。[①]

此外，农地银行制度的推行也是韩国在农地管理方面的重要举措。农地银行有助于农地通过租赁及交易而进行流转，以此来提高农地利用率和确保农民收入。在农地银行制度中，农地租赁、农地购买及农地储备计划与促进农地流动有着直接的关联。农地租赁计划即将受信托保管的可出租农地租给专业农民进行耕种和开发利用。一般用来种植稻米、蔬果的农地，包括附属的农业设施按规定可用于出租。农地的租期通常都是 5 年期，租金缴纳的形式为年缴，租

① KREI.Agriculture in Korea ［R］. Korea：Korea Rural Economic Institute, 2015：55-70.

约具体条款由农地银行与佃农共同商定。合同租金的 5% 由农地银行收取作为管理费，其余则都归农地地主所有。虽然该计划的佣金制度还存在争议，但也一直受到出租方及承租方的欢迎，并且切实提高了农地利用率。

农地购买与储备计划的实施目标则是在于有效缓冲农地价格下跌而造成的负面影响。首先，出售农地的地主由于农地价格下跌而遭受的损失可以减少。其次，可以有效地保有农地资源存量以便未来农场经营规模扩大。该计划的内容为在维持土地所有权且不破坏农地市场秩序的准则下，农地银行向退休农民或非农民的土地拥有者直接购买或长期租赁其具有所有权的农地。农地银行对农地的承租方则具有一定的资质及期限要求，承租方必须是有意务农的个人农户或农业公司，农地起租期都是 5 年。

6.1.5 韩国农业生产率变化情况

（1）1960 年至 1971 年的农业生产率

韩国自 20 世纪 60 年代后期开始，由于工业化与都市化的进程加快，农地资源也不断地受到挤占，大量农地变为非农用地，进入 20 世纪 70 年代，韩国先后经历了石油危机及粮食短缺，因此这一阶段的农业生产率增长缓慢，甚至在某些年份农业生产率出现了下降。从韩国的统计数据来看，单位粮食播种面积生产的粮食产量，1961 年每公顷粮食产量为 3197.20 千克，1971 年仅增加到每公顷粮食产量 3872 千克，年均仅增长 1.93%。从图 6.1 中可以明显看出 1962 年、1965 年、1967 年和 1968 年等年份的农业生产率比上一年有所下降。

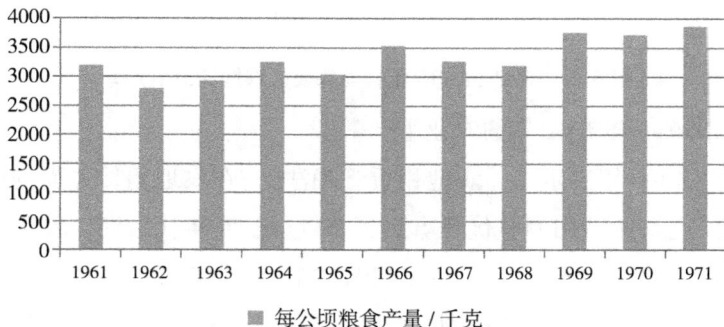

图 6.1　1960—1971 年韩国每公顷农地农业生产率

（2）1972 年至 1985 年的农业生产率

1972 年，韩国意识到农地资源的战略意义并制定了《农地保存与利用法》，对农地转为非农业用地做出了诸多限制，以达到保护农地资源的目的。该部法律的核心就在于首先区分出不可变更用途的"绝对农地"和符合一定条件可变更其用途的"相对农地"。大部分水稻田均属于前者。对于后者，如果需要变更其用途，相关申请人需要按照规定取得政府的许可，并给农地管理基金缴纳一定数额的回馈金。按照相关规定，这部分回馈金以后会被政府用于开发其他农耕用地资源。因此，这一阶段的农业生产率增长较快。从韩国的统计数据来看，以不变价计算的单位农作物播种面积在 1972—1985 年创造的农林牧渔业产值，由 1972 年的每公顷产值 557 千韩元，增加到 1985 年的每公顷产值 1200 千韩元，年均增长 5.64%。从单位粮食播种面积生产的粮食产量来看，1972 年的每公顷粮食产量 3885 千克，1985 年增加到每公顷粮食产量 5799 千克，年均增长 2.90%。（见图 6.2）

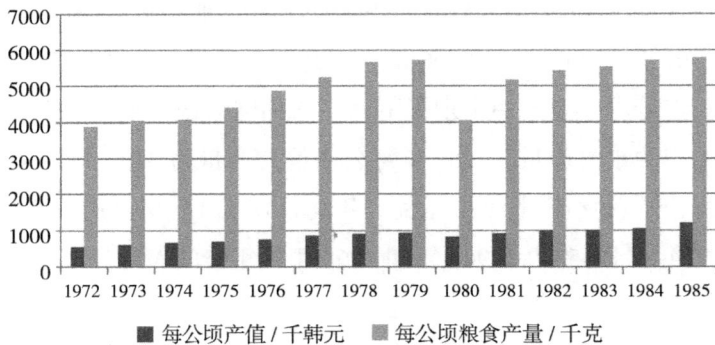

■ 每公顷产值 / 千韩元　　■ 每公顷粮食产量 / 千克

图 6.2　1972—1985 年韩国每公顷农地农业生产率

（3）1986 年至 2002 年的农业生产率

韩国在 1986 年制定了《农地租赁管理法》，在农地租赁方面的管制有所放松，以促进农业结构调整优化。到了 20 世纪 80 年代后期，韩国面临开放国内农业市场的国际压力，因此必须提高国内农业企业的整体竞争力。韩国随即又出台了《农渔村发展特别措施法》，进一步放松了对农地资源的管制，比如农业企业也可拥有农地所有权，但是这一阶段的农业生产率增长依然较慢。从韩国的统计数据来看，以不变价计算的单位农作物播种面积在 1986—2002 年创造的农林牧渔业产值，由 1986 年的每公顷产值 1248 千韩元，增加到 2002 年的每公顷产值 1718 千韩元，年均仅增长 2.31%。从单位粮食播种面积生产的粮食产量来看，1986 年的每公顷粮食产量 5876 千克，1985 年增加到每公顷粮食产量 6087 千克，年均仅增长 0.25%。（见图 6.3）

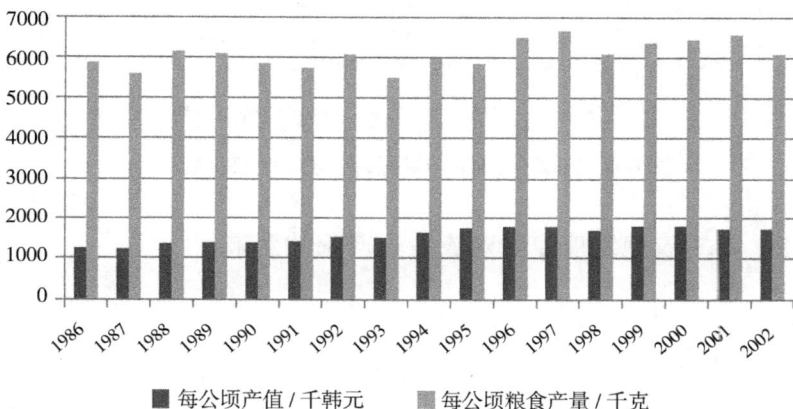

■ 每公顷产值 / 千韩元　　■ 每公顷粮食产量 / 千克

图 6.3　1986—2002 年韩国每公顷农地农业生产率

（4）2003 年至 2016 年的农业生产率

韩国 2003 年对《农地法》的修订，非农民者可以享有对 1000 平方米以下的农地的拥有权和使用权，并可将其用作体验农耕或假日农场。在 2005 年韩国实施的农地银行制度中，农地银行可长期租用农地所有者的土地，非农民者也可拥有限额面积之内的农地。本次在农地资源管理方面的修订，取消了之前仅自耕农能购买农地的这一限制，农业公司也有权拥有和管理利用农地。这一阶段的农业生产率增长速度比上一阶段有所提高。从韩国的统计数据来看，以不变价计算的单位农作物播种面积在 2003 年至今创造的农林牧渔业产值，由 2003 年的每公顷产值 1732 千韩元，增加到 2016 年的每公顷产值 2484 千韩元，年均增长 2.81%。从单位粮食播种面积生产的粮食产量来看，2003 年的每公顷粮食产量 5729 千克，2016 年增加到每公顷粮食产量 6795 千克，年均增长 1.32%。（见图 6.4）

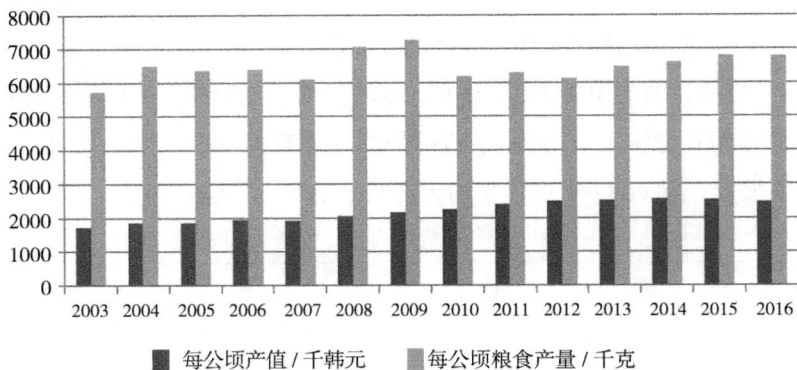

图 6.4　2003—2016 年韩国每公顷农地农业生产率

6.2　日本农地制度变迁对农业生产率的影响

6.2.1　日本农地制度变迁概览

二战结束之后，日本进行了大规模土地改革，并确立了其农业结构是以大量的小农户为主。日本于 1952 年出台《农业土地法》，对于农地的交易、租赁及所有权变更等方面都进行了规定，旨在实现对农民土地权益的保护。在 1961 年日本制定的《农业基本法》中，继续维持对农场规模方面的相应规范的基础上，农业部提出"选择性扩张"的主导思路，确立了农业部门的架构设置。在农地价格快速上涨的背景下，日本又实行了在租赁中对农地法规范予以放宽的举措，以确保农场整体平均规模的扩张。虽然农地转移及耕地用途转变方面争议尚存，但在公司拥有农地及经营农场方面则放宽了限制。

2013 年底，日本政府又提出了一系列全新的农业改革政策，旨在对存续几十年的关于农地银行与公司农地租赁方面的争议进行完善解决。在此次改革中，稻米产量调节的政策也被废除。

日本政府在 2014 年 6 月还颁布了对于农民组织改制、耕地用途变更与农地所有权转移方面加强管制的改革项目。

6.2.2　1950—1959 年日本的农业政策

日本于 1952 年开始经济进入复兴阶段。日本政府于该年修订了《食粮管理法》，出于确保再生产和稳定价格的目的，政府对于稻米买入价格进行全部统筹集中管理，具体形式为政府将稻米全部买入再按固定价格卖给民众。对于小麦则使用间接统治管理制度，具体形式为市场买卖自由，但政府会借由一定价格买入的途径来防止其价格快速下跌。日本政府在 20 世纪 50 年代到60 年代，针对农产品价格稳定方面，还制定了一系列的法律，比如《茧丝价格安定法》（1951）、《饲料需给安定法》（1952）、《农产物价格安定法》（1953）和《畜产价格安定法》（1961）等。在 1952 年制定的农地法中，本着农耕者即为最恰当的农地拥有者的原则，农地买卖流转方面被严格地限制。农地所有权及使用权的变更都需要都道府县知事或市町村农业委员会的批准，并且不支持非耕作目的购入及租赁农地。

6.2.3　1960—1969 年日本的农业政策

日本于 1960 年出台《贸易、汇率自由化计划大纲》，其中包含了农林水产物全面自由化的时间规划。但诸如米、麦、淀粉、番茄、柑橘、奶酪、肉类的原品及加工品等等这类农产品，在可预见的相当长的时间内自由化难度都较高。随着社会经济发展，日本民众饮食结构也发生了变化，对畜产品的需求量不断上升，因此在这期间日本政府针对振兴养殖业也推行了相关政策举措。养殖业需要的饲料谷物及大豆类农产品也在相关政策支持下较早进入自由化。

随着日本经济的不断发展，其农业相对于其他产业的劣势也逐渐显露出来。因此，日本在 1961 年的《农业基本法》中，针对农业生产者与其他行业从业者的生活水平差距迅速拉大的现状，制定了一系列提高农业生产力和农业生产者生活水平的相关政策与措施。比如选择性扩大有成长潜力的农产品的产量，如畜产、部分品种的果树及蔬菜等；对农业从事者在生产及经营方面的技能予以培养；加强农业合作事业方面，采取措施促进农业生产共同化、共享农业设施以及农业从事者共同经营等。以上举措均旨在实现对农业构造的有效改善。

在《农业基本法》颁布实施之后，20 世纪 60 年代日本的农业预算占比是逐年增加的。石油危机来临之前其比例维持在 10% 左右，其中又有相当一部分是用于实行大米和面粉管理。社会对于稻米的整体需求量不断上升，而生产供应一时难以跟上，导致政府的买入价格也逐年攀升。不过这种情况从1967年日本国内稻米生产量达到1445万公吨、生产过量之后，局面开始扭转。日本政府在1969年颁布了《自主流通米制度》，废除了之前对于稻米、面粉价格的主动全面管制，打破了生产者只能将稻米卖给政府而不能卖给任何其他组织或个人的限制。

1968年，日本《新都市计划法》颁布实施，该部法律本着高度文明发达的都市生活需要与农林渔业相调适的理念，寻求土地合理且最大化地利用的途径。为了对城市化进程进行有效控制，都道府县可对城市化区域进行规划指定。按照该部法律，都市计划区域分为市街化区域与市街化调整区域两大类。前者的含义是需要在10年内成为市街地或推行市街化进程的区域。后者的含义是不能用于市街化的区域，一般为受保护的农业用地。在该部法律颁布实施之后，日本政府又于1969年制定了《农业振兴地域之相关法律》（农振法），对受保护的农用地区域及农业振兴区域进行了统筹规划。

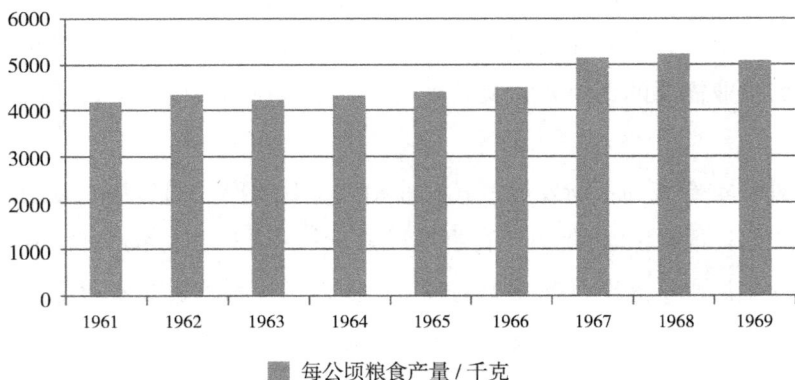

图 6.5　1961—1969 年日本每公顷农地农业生产率

这一时期日本农业生产率增长较快，从统计数据来看，单位粮食播种面积生产的粮食产量，由1961年的每公顷粮食产量4174千克，增加到1969年每公顷粮食产量5072千克，年均增长2.47%。从图6.5中可以看出这一时期的每公顷粮食产量较为平稳。

6.2.4 1970—1979 年日本的农业政策

日本政府于 1970 年对农地法进行了全面修订，自此农地交易面积的上限及农业劳动力雇佣方面的限制被全面废除，以促进农业生产规模的提升。此外自耕地租借方面的限制也被解除，即作为土地拥有者的农家即使不再务农或者进行迁移之后，也可保留对出借农地的所有权。另外，按照之前的《农业基本法》，要扩大农地规模只能通过买卖交易途径，而在此次修订之后，要扩大农地规模也可通过租借的方式。日本在 20 世纪 70 年代也对自立经营农家进行了扶持和鼓励，并以此为核心发展集团生产。1970 年，日本政府还通过了"总合农政之推进"纲要，即在调整稻米生产、维持米价稳定、促进农业组织化生产、农业机械化及农产品交易自由化方面订立了一系列措施。1973 年，日本受到石油危机及粮食危机的全面冲击，该时期全世界范围内农产品歉收，导致国际谷物价格暴涨。此次危机一直延续到 20 世纪 80 年代初，谷物的价格仍然居高不下。但在此期间，全世界许多国家都致力于扩大农业生产，"绿色革命"的成果也开始显现。危机过后，日本经济也放慢了增长速度。在 20 世纪 70 年代后半叶，日本国内稻米过剩状况逐渐严重，因此在 1978 年日本政府全面强化了稻米生产政策的调整。

虽然《农业基本法》在政策上高度体现了对自立经营农家的培育意识，但直到 20 世纪 80 年代，总经营数中仅有 5.2% 为自立经营农家，其生产额的占比仅为 30%，耕地面积也仅有总耕地面积的 19%。农地规模扩大的效果不明显，相反兼业化程度却在增长。因此可以说《农业基本法》在生产调整方面没有达到理想的目标。日本政府还于 1975 年修订了农振法，对增进农用地的使用效率及扩大农业经营规模制定了一系列促进措施。1980 年，又有《农用地利用增进法》出台，确定了农用地的利用率提升方面的事业架构。通过集团对话的途径，农地流动性可进一步增加，从而实现更加充分合理的农地利用和农业生产经营规模的扩大。

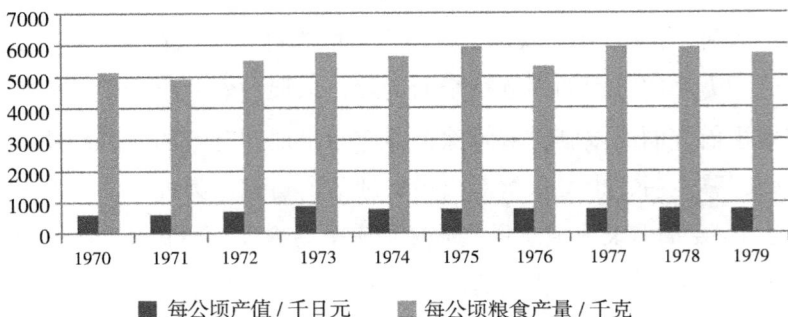

图 6.6　1970—1979 年日本每公顷农地农业生产率

　　这一阶段日本的农业生产率增长平稳。从统计数据来看，以不变价计算的单位农作物播种面积在 1970—1979 年创造的农林牧渔业产值，由 1970 年的每公顷产值 595 千日元，增加到 1979 年的每公顷产值 782 千日元，年均增长 3.08%。从单位粮食播种面积生产的粮食产量来看，1970 年的每公顷粮食产量 5125 千克，1979 年增加到每公顷粮食产量 5706 千克，年均增长 1.20%。图 6.6 反映了这一时期日本农业生产率的以上变化情况。

6.2.5　1980—2000 年日本的农业政策

　　到了 1981 年，国际上的谷物及大豆价格开始回落，同时全世界范围内的农产物产量也逐渐过剩。日本农政审议会于 1986 年颁布《迈向 21 世纪农政基本方向》，根据农产品国际贸易的全新规则，对其国内现行农产品贸易制度进行了调整。比如在关税方面进行改制，让农产品价格能够遵循市场机制进行自我调整。

　　日本农林水产省于 1992 年 6 月发布《新的食品、农业、农村政策的方向》（新政策），其订立依据是全世界范围内的粮食供需在中长期内的变化预期。基于在全球农产品交易的自由化程度将不断加深的背景下，对国内农产品的生产及进口方面的规划进行合理调整，加强农地资源及国土资源的有效利用。另外该政策还包含了与环境保护相关的内容，比如在化肥及农药的生产及使用标准上更加严格，尽力避免对环境的过度破坏；在农业生产中需要同时注重天然地力的维持；对农业生产中的各项有机物资源进行合理回收利用，营造环境友好型农业业态；对环境保全与农业生产效益之间的关系进行量化研究；等等。

为了提高农业生产的效率，日本于 1993 年对《农用地利用增进法》进行修订，将其更名为《农业经营基盘强化促进法》。基于之前《农业基本法》对于培养自立经营式农家的效果不明显，在此次修订中，将农业培育对象设定为农业经营的个体及组织，并将培养扶持的目标，确定为 10 年之后经营面积在 10 公顷至 20 公顷的家庭经营体数量要达到 15 万户，组织经营体数量要达到 2 万户，上述经营体要生产全国稻米产量的 80%。

在农地用途转换方面，根据起初的农地法，面积在 2 公顷以上需要获得农林水产大臣的批准，2 公顷以下的农用地则仅需县知事批准即可。在 1988 年日本政府修订农地法之后，放宽了这一标准，4 公顷以下的农用地转换用途只需县知事批准即可。

对于难以被开发利用的中山间地域，日本于 1993 年出台了《特定农山村法》，指导和鼓励中山间地域发展高附加值农业、林业、农林产品加工及观光旅游业等等。该法律实行的主旨是实现与农地新政策的有效配合，让农山村能够根据各自的地域特色，实现有效的土地利用及环境改善。

与此同时，根据日本《食料·农业·农村基本法》（新基本法）第 35 条第 2 项的内容，对于中山间地域的土地利用及农业开发，政府亦应采取相应的扶持措施，使得这些地区的农业从业者能够保持正常的生产，避免其由于种种阻碍而放弃农业耕作，从而使得农业多样性受损。对于中山间地域尤其应该加强农业从事者的培育。因此，日本从 2000 年起，《中山间地域直接给付制度》开始实施，并在相当程度上弥合了中山间地域与平地区域在农业生产条件方面的差距，防止中山间地域的农户弃耕，同时提高其农事收入，维持农业生产整体上的多样性。

由于日本国内稻米长期供给过剩，导致米价持续下跌。为了平衡供需，稳定价格，日本于 1997 年 11 月出台了《新的稻米政策大纲》。在该部《大纲》中，针对生产调整、经营安定及改善流通方面制定了一系列的对策。由于日本国内稻米消费量几无增长空间，而政府及市场的库存还在增加，因此日本政府于 1999 年 10 月底颁布了《以水田为中心之土地利用型农业活性化对策大纲》。通过对水田农业的灵活调整，力求缓解稻米生产过剩的现状，并同时提升大豆、大麦及饲料作物的产量,优化粮食自给的结构和提升粮食自给比率。但由于这一系列措施仍然没有体现出足够的有效性,加上 2000 年日本稻米大丰收,政府库存在该年超出计划库存量 60 万吨。为了应对这一局面,日本政府又于该年 9 月颁布实施《2000 年紧急总合稻米对策》。

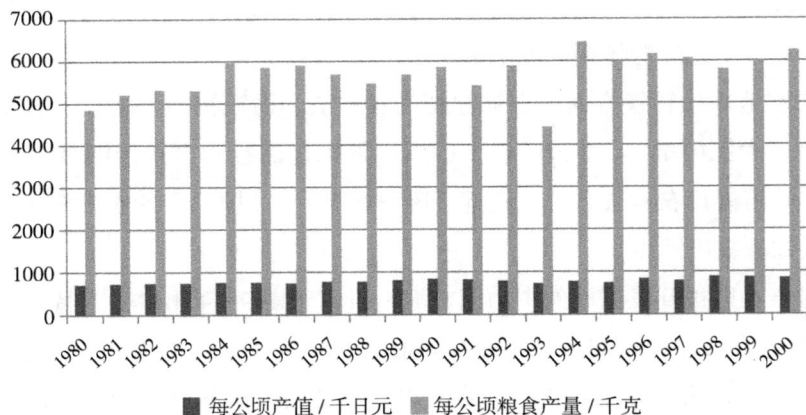

图 6.7　1980—2000 年日本每公顷农地农业生产率

1980 年至 2000 年日本的农业生产率增长较为迅速。从统计数据来看,以不变价计算的单位农作物播种面积在 1980—2000 年创造的农林牧渔业产值,由 1980 年的每公顷产值 708 千日元,增加到 2000 年的每公顷产值 849 千日元,年均增长 2.03%。从单位粮食播种面积生产的粮食产量来看,1980 年的每公顷粮食产量 4843 千克,2000 年增加到每公顷粮食产量 6257 千克,年均增长 2.89%。图 6.7 反映了这一时期日本农业生产率的以上变化情况。

6.2.6　2001—2016 年日本的农业政策

进入 21 世纪以后,日本农业可以用处于停滞状态来形容,夸张一点说,甚至是处于危机之中。首先,农地弃耕现象增加明显。由于年轻人不愿从事农业经营,大多转移到城市就业和居住,农户数量从 1995 年的 265.1 万户减少到 2010 年的 163.1 万户,导致农村从业者老龄化,65 岁以上的老年人农户占到了农户总数的 34%。农户数量减少和就业人员的老龄化,使得农地荒芜现象严重,2010 年,全日本放弃耕种的农地面积达到 40 万公顷。其次,弃耕的农地找不到经营的接替者。为了振兴日本农业,日本的农业政策允许法人进入农业生产领域，但是，出于种种原因，法人进入农业领域经营的积极性不高，法人经营体只占农业经营体的1%。这就是说，已经弃耕荒芜的农地，找不到接替的经营体。

日本农业生产中出现的上述问题与日本农协的作为存在一定的关系。一方面，为了保持农协在社会的影响力，农协支持已经不从事农业经营的从业者保留农地的所有权，阻挠农地的流转，因而使农地经营规模的扩大受到不利影响。另一方面，农协极力设法保持国家对农业的过度保护，以维护农协的利益。为了解决农业发展中所存在的问题，2015年日本对农业政策做了调整，重要体现在新《农协法》的颁布。新《农协法》对过去长期实行的一些重要政策做了改变，涉及解决农业保护政策的过度化、改变农业从业人员的老龄化、改变农地经营规模不合理以及提高农业生产率等多方面的内容。但是，从日本农业的现实情况看，新《农协法》的实施仍然存在许多不确定的因素。

这一时期由于日本农业处于相对停滞的状态，因而农业生产率也处于不够理想的状况。根据日本公布的统计数据，以不变价计算的单位农作物播种面积在2001年至2016年创造的农林牧渔业产值，由2001年的每公顷产值834千日元，下降到2016年的每公顷产值828千日元，年均下降0.08%。从单位粮食播种面积生产的粮食产量来看，由2001年的每公顷粮食产量6107千克，下降到2016年每公顷粮食产量4976千克，年均下降2.25%。图6.8反映了这一时期日本农业生产率的以上变化情况。

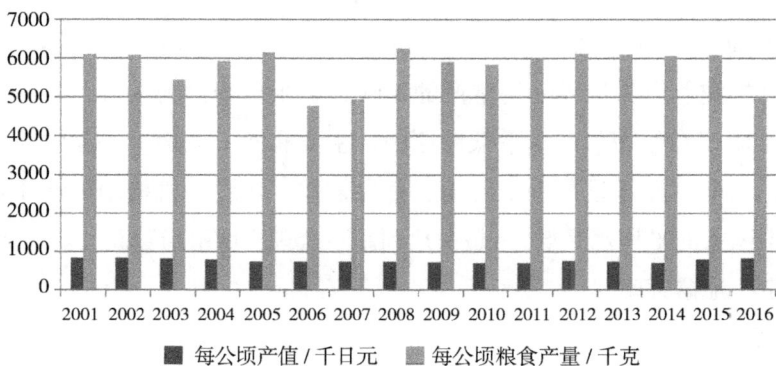

图6.8　2001—2016年日本每公顷农地农业生产率

6.3 印度农地制度变迁对农业生产率的影响

6.3.1 印度农地和农业生产基本情况

印度处于亚洲南部，国土面积约 298 万平方公里，但耕地面积占国土面积的比例大，达 57%，仅次于美国，居世界第二位。印度不仅耕地面积大，而且农业发展的自然条件十分优越，大部分地区属热带或亚热带气候，雨量充沛、阳光充足，河流众多、土地肥沃，而且大部分地区一年四季都适宜各类植物生长。同时，由于三面靠海，印度有着广阔的海洋国土，渔业生产的条件也特别优越。

印度虽是一个历史悠久的文明古国，但是在 16 世纪以后成为欧洲列强的殖民地，遭到他们的掠夺，经济十分落后，是世界闻名的"饥荒之国"。1947 年印度独立后，致力于经济发展，取得了较大成绩。独立后相当一段时间虽然每年仍要进口大量粮食，但到 20 世纪 70 年代以后，进口逐渐减少，1978 年停止粮食进口。现在印度是粮食出口大国，过去 3 年每年出口的大米都在 1000 万吨以上，占世界大米出口量的 1/4，成为世界第一大米出口国，小麦出口量占世界第二位。印度的畜牧资源也很丰富，水牛数量达到两亿，位居全球首位，黄牛、山羊居第二位，绵羊居第三位，鸡、鸭等家禽产量居世界前五位。

但是，印度的农业现状与其丰富的自然条件不相匹配，突出表现在农作物单位面积产量低，主要农作物除茶叶外，其余的全部低于世界平均水平。我国耕地面积不到 1.4 亿公顷，比印度少，但 2014 年粮食产量是印度的 2.3 倍。印度棉花单产为世界平均单产的 40%，玉米单产约为 30%，牛的产奶量为 25%。印度农作物单产水平低的原因，主要有两个方面：一是农业科技水平落后，目前主要还是靠手工劳动、畜力耕作，化肥、机械动力使用水平都比发展中国家的平均水平低；二是农地利用不合理，垦殖指数高、复种指数低，造成大量土地撂荒闲置。

6.3.2 印度的农地所有制

印度现行的是农地私人占有制度，超过 70% 农地为私人所有，且大多数是永久产权，还存在 30% 为政府农地与产权不明的农地，印度所形成的农地制度与其近 200 年的殖民历史有着极为紧密的关联。18 世纪 90 年代至 19 世纪 90 年代，英印殖民当局实施了农地整理，使得原本就处于风雨飘摇之中的农村公社彻底消失，开始确立起封建农地所有制。结合相关统计数据能够得知，印度独立之前，不足农村人口 15% 的地主拥有超过全国 85% 的农地，其中不足 2% 的大地主又拥有所有农地的 70%，地租率通常高至 50%，部分甚至高至 70% ~ 80%。在农村人口中，有 25% 的农民却连一寸农地都不拥有。此类带有封建属性的农地关系结构，除了造成众多的农村地区贫富分化之外，还造成农业生产率处于长期低下的状态。[①]

为了改变农业的以上状况，独立之后的印度政府实施了持续性的农地改革，关键措施就是废除了中间人地主制、制定农地最高限额、实施租佃改革以及农地产权整理。印度独立后不久的 1954 年，几乎所有的邦都制定了法律，废除在独立前各地普遍存在的中间人地主制，农民以适中的价格从政府那里获得了农地所有权，消除了中间人地主对农民的剥削。农地制度改革的另一项重要措施，是 1960 年到 1961 年，各邦相继宣布农户农地占有的最高限额，试图实现平均地产的目的。另外，租佃也实行了改革，目的是使佃农不被地主驱逐，保障佃农的租佃权。1972 年，印度通过了一项降低农地最高限额的"指导原则"，按每户五口人的标准实施，并将其列入宪法附表，以进一步降低农地的集中程度。农地最高限额降低后，存在 290 万公顷的农地过剩，其中有220 万公顷的农地重新分配给了 500 万无地以及半无地的家庭。

印度农地改革的诸多措施让农地集中程度得以减缓，但并没有从根本上消除农地集中的状况。如今的印度，占农户总数 1.6% 的大地主占有 17% 的耕地，23% 的农户属于半自耕农和佃农的混合，占农户总数 50% 的小农仅仅拥有 1% 的耕地。除此以外，部分小农由于无法经受现代化农业竞争，陷入了持续丧失农地而加入无地农民的队伍，统计数据显示，到 2013 年，印度农村地区至少存在 7000 万无地农民。

---

① 王新有. 印度的土地制度与贫民窟现象［J］. 经营管理者，2009（24）：247–248.

6.3.3　印度的农地管理制度

刘丽分析说，印度属于联邦制国家，因而印度的农地管理也表现出明显的联邦制特征：对于纵向层面而言，在《土地征收法》中，全国并未确立起统一的土地立法，联邦政府仅仅负责制定部分对全国具有意义的政策和措施。各邦政府具备农地的实际管理权、控制权、征税权、私有农地和邦有农地的最终审批权，具有制定本邦的基本农地法律及相关政策的权力。正因如此，邦与邦间所推行的农地政策通常存在差异。对于横向方面而言，采取分散式农地管理体制，与农地管理存在关联的部门相对较多，且职能划分并不明确，各个部门间的规划自成体系，缺乏沟通和交流。印度政府在农地规划、农地调查、农地登记、农地审批以及农地信息系统等制度建立上采纳了部分先进理念及方法，只是由于农地管理体制和农地产权制度等方面所表现出来的种种缺陷，造成联邦政府所提出的较多措施和机构设置的众多职能定位无法得以有效实施，这就导致总体农地资源管理水平明显落后。[①]

1991 年以前，印度实行过计划经济，其在农地管理领域还存在不少计划经济的影子，如农地的自由交易会受到极为严格的限制，所有工商企业用地基本上需要得到政府的审批，这与印度人口众多，为确保农民就业及确保国家粮食安全有一定的关联。另外，受农地高度集中的影响，印度农地管理制度还表现出"拉美化"的特点，即鉴于存在明显的农地分配不均，因而需要没收超出农地最高限额的剩余农地，并将其分配给无地农民，这成为印度农地管理制度中一项极为关键的内容，此项举措在一定程度上使得印度尖锐的人地矛盾与社会矛盾得以缓解。印度拥有相对发达的农地市场，和中国企业全部用地必须要政府统一征地之后采取"招拍挂"的形式存在差异，印度不仅拥有政府提前征地转卖给企业的方式，也拥有企业和农地所有者直接谈判征购农地的方式，还拥有凭借各种手段来进行廉价收购农地之后转卖给政府的"中间商"角色。只是印度在环境保护方面的审批极为严格，凡存在环境污染可能的工业企业均需要得到环境与森林部门的审批，获取环境许可证之

---

① 刘丽. 印度的土地审批制度及其相关问题 [J] . 国土资源情报，2006（11）：22–28.

后才可以对其所征收的土地加以使用，且印度在 2010 年成立了"绿色法庭"，专门对污染制造者进行索赔，还有权力终止污染企业所得到的环境许可证。

6.3.4　印度农业生产率变化情况

（1）1961 年至 1971 年的农业生产率

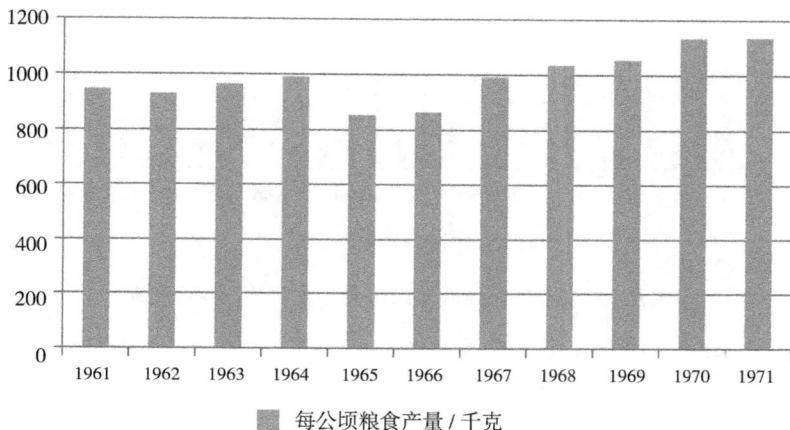

■ 每公顷粮食产量 / 千克

图 6.9　1961—1971 年印度每公顷农地农业生产率

1961 年至 1971 年印度规定了农地持有的上限，这一阶段的农业生产率增长缓慢，甚至在某些年份农业生产率出现了下降。从印度的统计数据来看，单位粮食播种面积生产的粮食产量，1961 年每公顷粮食产量为 947.30 千克，1971 年仅增加到每公顷粮食产量 1136 千克，年均仅增长 1.83%。从图 6.9 中可以明显看出，1962 年比 1961 年、1965 年比 1964 年的农业生产率有所下降。

（2）1972 年至 2000 年的农业生产率

在 1972 年，印度进一步修改了持有农地的上限，将家庭当成是统一的适用标准，把灌区农地持有额的上限下调了 4 公顷。结合有关调查得知，在推行新的上限法以后，存在 290 万公顷的农地过剩，其中有 220 万公顷的农地重新分配给了 500 万无地以及半无地的家庭。因此这一阶段的农业生产率增长很快。从印度的统计数据来看，单位粮食播种面积生产的粮食产量，由 1972 年的每公顷粮食产量 1108 千克，增加到 2000 年的每公顷粮食产量 2294 千克，年均增长 7.55%。

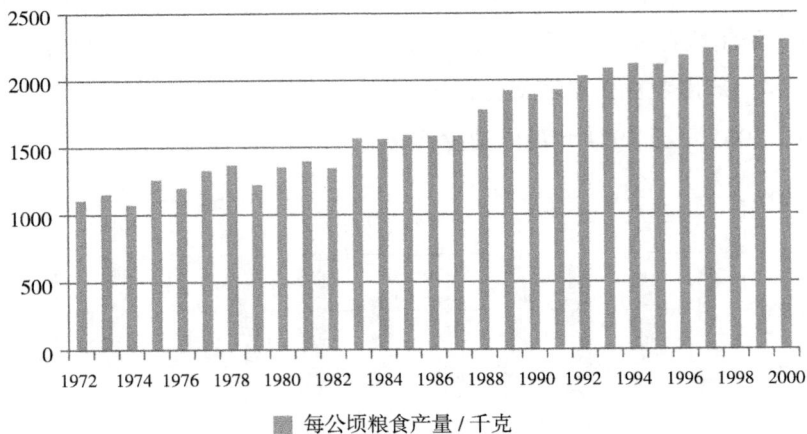

图 6.10　1972—2000 年印度每公顷农地农业生产率

（3）2001 年至 2016 年的农业生产率

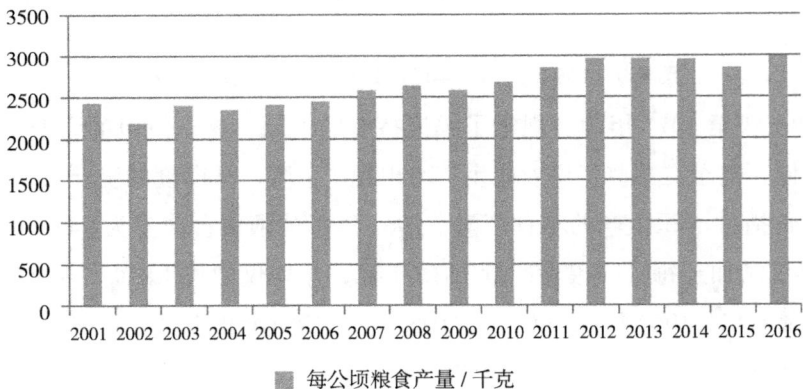

图 6.11　2001—2016 年印度每公顷农地农业生产率

2001 年以来通过持续的农地产权整理，印度的农业生产率增长较为平稳。从印度的统计数据来看，单位粮食播种面积生产的粮食产量，由 2001 年的每公顷粮食产量 2423 千克，增加到 2016 年的每公顷粮食产量 2993 千克，年均增长 2.13%。

6.4 本章小结

本章选择了韩国、日本、印度等人口密集、土地资源有限的亚洲国家，分析这些国家农地制度变迁对农业生产率的影响。通过分析发现，农地制度变迁确实对农业生产率产生了很大的影响，放松管制、规模经营都促进了农业生产率的提升。

韩国自 20 世纪 60 年代后期开始，由于工业化与都市化的进程加快，农地资源不断受到挤占，大量农地变为非农用地。进入 20 世纪 70 年代，韩国先后经历了石油危机及粮食短缺，因此这一阶段的农业生产率增长缓慢，甚至在某些年份农业生产率出现了下降。1972 年，韩国意识到农地资源的战略意义，并制定了《农地保存与利用法》，对农地转为非农业用地做出了诸多限制，以达到保护农地资源的目的。因此，之后的一段时期农业生产率增长较快。韩国在 1986 年制定了《农地租赁管理法》，在农地租赁方面的管制有所放松，以促进农业结构调整优化。到了 20 世纪 80 年代后期，韩国又面临开放国内农产品市场的国际压力，因此必须提高国内农业企业的整体竞争力。韩国随即出台了《农渔村发展特别措施法》，进一步放松了对农地资源的管制，农业企业也可拥有农地所有权。但是这一阶段的农业生产率增长依然较慢。韩国 2003 年对《农地法》的修订，规定非农民者可以享有对 1000 平方米以下的农地的拥有权和使用权，并可将其用作体验农耕或假日农场。在 2005 年韩国实施的农地银行制度中，农地银行可长期租用农地所有者的土地，非农从业者也可拥有规定限额面积之内的农地。本次在农地资源管理方面的修订可以说是取消了之前仅自耕农能购买农地的这一限制，农业公司也有权拥有农地。这一阶段的农业生产率增长速度比上一阶段有所提高。

日本在 19 世纪 60 年代通过制定《农业基本法》《农业振兴地域之相关法律》（农振法）等法案，这一阶段的农业生产率增长较快。日本政府还于 1970 年对农地法进行全面修订，自此农地交易面积的上限及农业劳动力雇佣方面的限制被全面废除，以促进农业生产规模的提升。1970—1979 年的农业生产率增长平稳。日本农政审议会于 1986 年颁布《迈向 21 世纪农政基本方向》，根据农产品国际贸易的全新规则，对其国内现行农产品贸易制度进行了调整。为了提高农业生产的效率，日本于 1993 年对《农用地利用增进法》进行修订，将其更名为《农业经营基盘强化促进法》，培育农地经营，鼓励农地流转，1980 年至 2000 年的农业生产率增长较为迅速。

1961 年至 1971 年印度实施了较高的农地持有上限，这一阶段的农业生产率增长缓慢，甚至在某些年份农业生产率出现了下降。在 1972 年，印度进一步修改了持有农地的上限，每户所持有的农地数量降低，有关调查数据显示，在农地持有上限降低后，500 万无地及半无地的家庭得到了 220 万公顷的农地。因此 1972 年至 2000 年印度的农业生产率增长很快。2001 年以来通过持续的农地产权整理，印度的农业生产率增长较为平稳。

第 7 章

结论和政策建议

本书基于农地制度变迁视角对中国农业生产率开展了研究，运用理论分析和实证研究等多种方法，介绍了我国农地制度变迁与农业生产率变化情况，采用异质性面板随机前沿模型测算农业生产率，运用面板门槛模型分析家庭承包责任制下农地规模经营对农业生产率的影响，介绍了国外农地制度变迁情况。

7.1 研究结论

7.1.1 农地制度深刻影响农业生产率

中华人民共和国成立初期所开展的土地改革从根本上来讲是对之前解放区土地改革的一种延伸和发展，两者均主张"耕者有其田"的思想，使农地政策呈现出明显的持续性与延伸性，切实调动了农民的生产热情。1949 年到 1952 年我国农业生产率有了较大幅度的增长。

合作化初期农业生产获得了相对令人满意的成果，不过从 1955 年夏季开始的合作化高潮，引发了一系列不容忽视的问题，不利于激发农民生产热情。1953 年至 1957 年的农业生产率虽有增长，但增长幅度较慢。人民公社化是一场脱离我国农村实际生产力发展水平的群众运动，这和我国当初劳动力水平的发展之间有着很深的矛盾，不仅严重影响了农民的劳动积极性，也严重影响了我国整体经济水平的发展。1958 年到 1977 年的农业生产率存在着非常明显的波动，并且农业生产率的增长几乎处于停滞状态。

20世纪70年代末80年代初,政府根据农业的发展状况与现实之间的矛盾,推行了家庭联产承包责任制,有效地解决了农业生产过程中的效率低下、产品供给短缺的问题。1978年至2016年的农业生产率整体得了迅速增长。1978年以后我国农业生产率的变化情况进一步证明,农地制度对农业生产率的影响明显,推行家庭联产承包责任制、建立社会主义市场经济体制、取消农业税都有效提升了农业生产率。不过也要看到,农地政策对农业生产率的影响作用越来越小,不少地方农民种粮的积极性下降,农地撂荒在许多地方出现。

从韩国、日本和印度的经验看,农地制度对农业生产率同样有明显的影响作用。

7.1.2 农地制度变迁对各地的影响不同

从全国范围来看,家庭承包责任制的农地制度改革,对农业生产率的提升作用由显著到逐渐减弱,在改革的第一阶段即1984年之前,对农业生产率的影响最为明显,之后依次递减。因此,为了进一步提升农业生产率,需要出台新的农地制度改革政策,提高农民的生产积极性。

东部、中部地区农地制度改革对农业生产率的提升作用先增加后减小,最近几年农地制度改革对农业生产率的提升作用越来越小;西部地区农地制度改革对农业生产率的提升作用先增加后减小,最近几年农地制度改革对农业生产率的提升作用又有所提升,取消农业税等农地制度改革对西部地区的农业生产率提升作用明显,西部地区受政策激励带动作用农业生产率有进一步的提升空间。

7.1.3 农业生产率受多种因素影响

本书采用异质性面板随机边界模型测算了全国农业的全要素生产率,结果发现时间趋势变量的平方项($t2$)、劳动力与时间的交乘变量($t\ln L$)、农业机械总动力投入与时间的交乘变量($t\ln K$)、化肥施用量与时间的交乘变量($t\ln F$)、劳动力投入与农作物播种面积的交乘变量(LM)对农业产出不存在显著影响。

劳动力投入变量的对数($\ln L$)、农作物总播种面积变量的对数($\ln M$)、反映技术变化的时间趋势变量(t)、劳动力投入与化肥施用量的交乘变量(LF)、农作物总播种面积与农业机械总动力的交乘变量（MK）、农业机械总动力与化肥施用量的交乘变量（KF）对农业产出存在显著正向影响。

农业机械总动力投入变量的对数（$\ln K$）、化肥施用量变量的对数（$\ln F$）、农作物总播种面积与时间的交乘变量（$t\ln M$）、劳动力的平方变量（$L2$）、劳动力投入与农业机械总动力的交乘变量（LK）、农作物总播种面积的平方变量（$M2$）、农作物总播种面积与化肥施用量的交乘变量（MF）、农业机械总动力的平方变量（$K2$）、化肥施用量的平方变量（$F2$）对农业产出存在显著负向影响。

农作物总播种面积变量（$\ln M$）在制度约束方程中影响并不显著，随着农作物总播种面积的增加并没有缓解制度约束的影响，这可能是因为农作物总播种面积对制度约束的非线性影响关系而造成的。农作物总播种面积变量（$\ln M$）在农业产出的不确定性方程中影响并不显著，随着农作物总播种面积的增加并没有对产出的不确定性带来显著影响，这可能是因为农作物总播种面积对农业产出的非线性影响关系而造成的。

7.1.4 农地规模经营对农业生产率的影响区域差异明显

从全国范围来看，随着农地规模经营的扩大，对农业生产率的影响是一个逐步减小的过程，但从目前的农地规模经营水平来看，提高农地规模经营水平依然有利于提升农业生产率。

对于东部地区来说，农地规模经营并不是越大越好，需要保持农地适度规模经营，经营规模不可以大于 7.266。中部地区农地规模经营对农业生产率的影响处于正向影响的情形，进一步扩大农地规模经营，依然能够促进农业生产率的提升。西部地区农地规模经营对农业生产率的影响目前不明显，适合小规模的农地经营。

7.2 政策建议

7.2.1 构建合理的农地产权结构

（1）构建合理农地产权结构的原则

构建合理的农地产权结构，要在一定的原则指导下实施。从我国的国情看，应遵循的原则主要包括三个方面。

第一，坚持农地公有制性质不改变、耕地红线不突破、农民利益不受损三条底线。2014 年 12 月召开的中央全面深化改革领导小组第七次会议上，把坚持农地公有制性质不改变、耕地红线不突破、农民利益不受损定为农地制度改革三条底线。构建合理的农地产权结构，同样必须守住这三条底线。之所以要坚持农地公有制的性质不改变，在第 3 章已经做了说明：一方面是我国人多地少，公有制有利于国家从宏观上对农地使用进行调控，保证国家的粮食安全；另一方面是社会主义制度要求不能实行农地的全面私有化。退一步说，就是要实行私有化，也会产生严重的后果，不论是把农地卖给农民，还是把农地平均分给农民，最后的结果都将是大量的土地集中到少数人手中。如果采用卖的方式来实现农地私有化，能够买得起的是少数富人和城市中的资本；如果平均分配，不要说平分过程中产生的种种矛盾难以解决，就是分配成功了，在农村无力耕种的农户和家庭出现困难的农户，也会把农地卖了，集中到少数人手中。出现这种情况，已经进城的农民如果在城市遇到就业障碍，而在农村又失去了土地，将会使家庭陷入生活无来源的尴尬境地。正因如此，农民不希望改变现存的农地集体所有的性质。至于耕地红线不能突破，这是为了保证国家粮食安全之必需；农民利益不受损，这是任何农业政策都要遵循的。

第二，有利于农地资源的优化配置和农业生产率的提高。农地制度的好坏，最终都要看农业生产率是否提高了，农地资源配置是否优化了。20 世纪70 年代末 80 年代初创立的家庭承包责任制使农地的所有权与经营权分离，调动了农民的积极性，农业生产率提高了，实践证明这是好的农地制度。但是，随着农业生产率的提高、城市化的发展，农村经济出现了新的情况，农地撂荒严重，农业资源没有得到优化，农地分散经营与农业现代化的发展要求产生了矛盾。因此，构建合理的农地产权结构要从推动农地资源配置更加优化、农业生产率有效提高的方向努力。

第三，尊重农民自己的意愿和选择。人是生产力中最重要的因素，损害农民利益的农地制度，肯定不利于农业的发展和农业生产率的提高。只有尊重农民自己的选择，使农民成为新的农地制度的受益者，他们的积极性才能调动起来，这是农业生产率提高的一个基本前提。

（2）科学实现农地所有权、承包权和经营权"三权分置"

合理的农地产权结构，在实践上就是要科学实现农地所有权、承包权和经营权三权分置。

①农地属于农民集体所有，所有权职能由农民集体和国家共同行使。

农地归谁所有，学术界分歧很大，有说要改成国有的，有说要全面私有化的，有说要坚持集体所有制不变的，也有说农地一部分归集体、一部分归私人的。

农地制度改革决不能将农地私有化，这是农地改革不能突破的底线。同时，也不能将农地国有化，尽管我国目前的生产力发展水平有了很大的提高，但农民在城市就业难的问题在短期内还不能完全解决，农地对于农民来说还是生存和谋生的手段，是他们赖以生存的资源，将农地国有化必然恶化国家与农民的关系，政治风险很大。

农地应选择什么样的所有制，应该尊重农民自己的意见。笔者在农村调查，询问农民对农地所有制选择的看法时，他们都希望保持目前的集体所有制度。在他们看来，农地的集体所有制使他们作为所有者集体的一员，享受到了作为农地所有者应该享受的权利，如享有承包农地的权利，从而获得对农地的占有权、使用权和收益权；通过参与集体的决策，享有对农地处分的权利。将农地转归国有，农民所享有的上述权利都将失去，严重违背农民的意愿，对农村社会稳定极为不利。

坚持农地集体所有制不变，但对所有权主体如何行使所有权的职能应该变革，要由农民集体和国家共同行使所有者的职能。

目前学术界有一种流行的观点，认为国家政策和法律所规定的农村集体经济组织、村民委员会、村民小组等都不能承担起所有者的职能，因而农地的所有权主体不明。笔者认为，目前农村集体所有制的主体是明确的，如我国《土地管理法》就清楚地写到，土地属于村农民集体所有，并且明确规定它们分别由村委会、村民小组和乡（镇）农村集体经济组织经营、管理。从农业农村部提供的数据看，农村土地约40%是村集体所有，60%是村民小组所有，而且《村民委员会组织法》中也明确规定，村民委员会依照法律规定，管理本村属于村农民集体所有的土地和其他财产，引导村民合理利用自然资源，保护和改善生态环境。

现在农村集体农地所有权存在的问题，不是所有者主体不明确，而是所有者主体行使职能乏力。集体统一经营层次的作用严重缺损、大量农地撂荒的产生，是农地所有者职能乏力的表现。有关土地的政策和法律文件明确规定了村委会、村民小组负有对土地进行经营、管理的职能，但为什么会产生管理乏力的问题？主要有三方面的原因：一是缺乏管理的动力，如土地撂荒，与村委会主任、村民小组长的利益没有任何关系，干脆不管；二是土地所有者主体的责权没有明确规范，村委会和村民小组在执行所有者职能时应承担什么责任、拥有什么权利并不明确；三是村委会和村民小组无力承担集体经营层次的服务职能。而国家却能为集体土地管理提供信息、农业技术、农地规划、水利基础设施建设等方面的统一服务职能。同时，土地所有者主体责权的规范、注入土地所有者加强管理的动力等，也需要国家的积极参与。因此，农地所有权的行使，应变革为村委会（村民小组）和国家共同行使。在共同行使所有权职能的时候，法律应对两者的各自职权做出明确的规范，村委会、村民小组侧重于农民集体内部农地的承包、村民意愿的收集和反馈等职责，国家则主要加强统一服务方面的职能，决不能借服务之机侵占农民的利益。

②农户承包权长期不变，农民集体不能收回。

在现代经济活动中，"承包经营"是一种运用得相当广泛的经营形式。1949年以来，我国在农业生产方面进行了承包经营责任制的探索和实践，特别是1978年以来，这方面积累了较丰富的经验。在所有权与承包经营权两权分离时，承包农户获得土地承包权后，就直接得到了对土地的占有（控制）、使用和收益的权利。但是，由于农地的流转，土地的经营权，即土地使用的权利归土地的经营者，因而承包经营权又分为农户承包权和农地经营权。

为什么承包农地的农户不经营土地了，还要保留承包权？第一，这是农民集体所有制平等权利的体现。凡村委会或村民小组内的所有成员，在属于集体的农地面前应该一视同仁，都应当享受同样的承包土地的权利，如果不保留他们的这种权利，实际上就是把他们排除在农民集体之外，这是不公平的。第二，只有保留了农户的土地承包权，才能使他们安心地从事其他产业的发展，才能使他们免去后顾之忧，当需要回到农村时有生存的生活之源。正因如此，不仅要保留他们的承包权，而且要长期不变。

为了使承包农地的农户能够珍惜土地、不使农地撂荒，建议农地要实行有偿承包。一方面，这是土地所有者的应有权利。从理论上说，土地所有者得不到任何回报，实际上是否认了土地的集体所有。另一方面，这也是解决农地撂荒的一种途径。从江西农村的情况看，农地承包农户不需向集体（村委会、村民小组）交纳任何费用，即使不耕种、让土地荒芜，也可以领得国家给予的粮食直补，因而导致对农地毫不珍惜。实行有偿承包，哪怕费用是象征性的，也可起到使承包户珍惜土地、减少农地荒芜的作用。

要说明的是，现有的政策规定，户籍已经迁往城市的农户仍然可以保留对土地的承包权，这是不合理的。这项政策规定应当改变，凡户籍不在农村的应取消继续承包土地的权利。这是因为：第一，户籍不在农村，已经不是农民集体的一员。第二，把户籍迁出农村的人员，就已经考虑了今后的长远打算，再回农村就业被排除在他们的计划之外。第三，这项政策本身就不公平，实行承包责任制以后迁出户籍的人员可以继续保留农地承包权，但是，在此之前迁出的人员享受不到这样的权利，可农民集体在农地确权时，这些人员在土地改革时分得的土地是算在农民集体之中的。

③明确土地经营权主体的权益，确保土地经营权益不受侵犯。

农地"三权分置"改革推行以后，土地经营权的流转规模将会比以前更大，明确土地经营权主体的权益，确保土地经营权益不受侵犯的要求将会凸现。从现有的政策法规来看，对土地经营权主体（经营权流转的受让方）的责任规定比较明确，如不得改变承包土地的农业用途、流转期不得超过承包期限、不得损害相关利害关系人的合法权益等；但对经营者主体权益的规定较为抽象，比如为了经营权的稳定，在什么样的情况下农地承包者不能收回经营权，又比如粮食直补等一些对农产品生产的优惠待遇应该给谁等，现在都较为混乱。据笔者所知，粮食直补有的就归了承包农户，这是不合理的。

农地"三权分置"以后，其经济绩效最终取决于经营权的运用，即取决于土地的经营者对土地的经营状况。因此，政府的有关政策法规要充实农地经营者权益的内容，并要有可操作的措施保障经营者的权益不受侵犯，并尽量使经营权在较长时期内保持稳定，以保障农地经营权流转顺利发展，使农地经营者有积极性去经营好土地。

7.2.2 适应国情、分地区实施差异化农地适度规模经营

从第5章的分析可知，农地规模经营对农业生产率存在着影响，而且这种影响在东部、中部和西部地区有着差异。因此，在实行规模经营过程中既要遵循适合我国国情的一般规律，同时又要在不同区域实施差异化政策。

（1）鼓励农民走多元化、专业化、产业化之路，向规模化经营发展

尽管实证分析说明随着农地规模经营的扩大，对农业生产率的影响逐步减小，但从全国总体看，农地规模经营适度扩大仍然对农业生产率有正向的影响作用。

规模经营不能局限于生产要素的集中，就农村来说，不能局限于土地集中形式的经营规模扩大。从我国农村人多地少的实际出发，要放宽视野，想办法在现有农地的基础上扩大经营规模。

首先，通过农业内部结构的调整，走多元化的农业发展路子。我国农村经济内部农业（种植业）与林牧渔业之间，呈现出农业所占比重太大的不合理状况。1978年农林牧渔各业占总产值的比重分别为80.0%、3.4%、15.0%、1.6%，2016年则分别为55.3%、4.3%、29.6%、10.8%，农业产值所占比重虽然下降不少，但仍然超过总量的一半。因此，农户可以联合起来，各户将承包的农地入股，以村委会或村民小组作为组织单位，或由农村管理能力强的农民牵头组成股份合作组织，将耕地、林地和水面等所有的农地资源统一安排使用。这样，不仅扩大了经营规模，使所有的农地资源都得到了充分利用，而且还实现了农林牧渔业协调发展和农业生产率的提高、农民收入的增加。

其次，走专业化生产的路子，扩大生产规模，提高生产效率。农村绝大部分农户承包土地面积小，生产小打小闹，效益不好。如果能通过合作实现生产的专业化，生产出受市场欢迎的高质量产品，形成一定的专业市场规模，

也能提高农业生产率，增加农民收入。这种典型例子全国各地都有，山东寿光就是人们所熟悉的案例。

最后，走产业化之路，纵向拓展生产规模，提高生产效率。在农村经济产业化过程中，把农业生产与农产品加工、销售、社会服务等相关联的环节联成一体，构成系统的产业链。国外的实践证明，这种纵向的规模经营方式，不仅可以大幅度地提高农产品的附加值，提高农民的收入，而且可以使农村的剩余劳动力就地吸收，从单纯的农业生产中转移出来。

（2）实行差异化的家庭农地规模经营

我国幅员辽阔，各地经济发展水平不一，自然条件不同，因此，实现规模经营的情况也应该会有不同。第5章的实证研究也证明，我国家庭农地规模经营对农业生产率的影响存在明显的地区差异。从东部地区来看，随着农地规模经营的扩大，对农业生产率的影响先是上升，之后下降，当农地规模经营大于7.266时，对农业生产率产生负向影响。因此对于东部地区来说，农地规模经营并不是越大越好，需要保持农地适度规模经营，从家庭经营角度看，经营规模不可以大于7.266。

从中部地区来看，农地规模经营对农业生产率的影响先增后降，从分析来看对农业生产率的影响还处于正向影响的情形，中部地区进一步扩大家庭农地规模经营，依然能够促进农业生产率的提升。因此对于中部地区来讲，应出台政策鼓励农户扩大规模经营，以获得更大的规模经营效益。

从西部地区来看，农地规模经营在小于4.403时对农业生产率的影响在1%的水平下显著为负，农地规模经营大于4.403时后影响不明显。因此对于西部地区，不适宜出台政策鼓励农户扩大规模经营。

7.2.3 政策要为农地制度改革、实现适度规模经营提供支持

经济理论认为，政府通过政策影响制度的发展，经济运行的实践也证明政策在制度变迁中发挥着重要作用。我国农地制度改革过程的每一个阶段，都有相应的政策跟进，因此，为构建合理的农地产权结构、实现农地适度规模经营，同样要有政策创新的支持。

（1）国家层面的政策新举措

①出台统一的、操作性较强的农地"三权分置"、经营权流转政策法规。

从家庭承包经营制度创立和土地承包经营权流转产生以后，中央和有关部门出台了许多有关农地所有权、承包经营权、承包权及经营权的政策。但是，由于这些政策法规出台所强调的侧重点不同，因而有的内容相互抵触，导致在实践中难以执行。例如，为了防止耕地荒芜，2005 年颁布的《土地管理法》规定"禁止任何单位和个人闲置、荒芜耕地。……承包经营耕地的单位或者个人连续二年弃耕抛荒的，原发包单位应当终止承包合同，收回发包的耕地"，2019 年修正的《土地管理法》中，重申"禁止任何单位和个人闲置、荒芜耕地"，对批准非农业建设耕地，"连续二年未使用的，经原批准单位批准，由县级以上人民政府无偿收回用地单位的土地使用权；该幅土地原为农民集体所有的，应当交由原农村集体经济组织恢复耕种"。但对承包农户荒芜二年以上的耕地没有说明。在 2002 年颁布的《农村土地承包法》中，为了强调土地承包的稳定性，规定"承包期内，发包方不得收回承包地"，全家迁入小城镇落户的，在承包期内，也"应当按照承包方的意愿，保留其土地承包经营权或者允许其依法进行土地承包经营权流转"；2019 年修正的《农村土地承包法》，保留了 2002 年该法的内容。十九大报告也强调，要保持土地承包关系稳定长久不变，就意味着在承包合同期间，原则上是不能变动承包权的。因此，当发现耕地荒芜时，如果将承包土地收回，将与土地承包法相违背；任其荒芜，则使宝贵的农地资源浪费。因此，出台统一的农地"三权分置"、经营权流转的政策法规，对农地所有权、承包权和经营权各自的权利和责任做出具有操作性的规定，是当务之急。

②明确政策导向，倡导和鼓励以家庭农场为主要形式的规模经营。

我国农村户均承包耕地约为 10 亩，小规模经营不仅难以与市场对接，也不可能使农民致富，实行规模经营是学术界的一致认识。规模经营应采用什么形式？建设成千上万亩的大农场实现规模经营，不符合我国国情，因为我国人多地少。根据国家统计局公布的数据，到 2020 年，农村常住人口仍有50979 万人，这么多农村人口不可能在短期内迅速被城市吸收。政策导向应鼓励具有较强经营能力、立志农村创业的农民和愿意下乡的农业科技人员创办家庭农场,这样既能解决无力耕种农户土地的荒芜问题,又可解决相当数量农村劳动力的就业问题,还可使他们从适度规模经营中获得不低于外出打工的收入。

（2）地方政府的政策新举措

①推动建设村一级土地经营权流转平台。

农地经营权要做到有序推行,村一级组织作用的发挥非常关键。一方面,村委会（村民小组）可以凭借土地所有权和国家政策最终执行者的权威,在不损害承包户利益的前提下通过互换、转让等途径,将有流转、出租和托管意愿的耕地整合成连片的土地,满足土地经营权受让方对土地的要求;另一方面,村委会或村民小组可以土地经营权出让方代理人的身份与受让方进行谈判,大大降低交易成本,这对减少土地经营权流转阻力,减少土地荒芜将会起到很重要的作用。现实情况是,村委会（村民小组）在土地流转、出租和托管活动中的作用普遍发挥不够,农地经营权流转的通道不是很扬通。因此,地方政府应出台政策,推动在村一级普遍建立农地经营权流转和托管的中介,在农地经营权的出让方和受让方之间架起桥梁。

②着力完善农村科技推广网络,把农业技术直通田间落到实处。

《中国农业农村科技发展报告》揭示,我国农业科技进步贡献率达到57.5%,农业科技运用对提高农业生产率和农民收入,使农业资源更有效地得到利用、防止耕地荒芜有重要作用。但是,目前我国农村科技推广网络相当部分不完善,人员不足、人心不稳,科技进农户、到田间的渠道不通畅等问题较为普遍。地方政府要出台各项优惠政策,动员农业科技人员安心用科技服务于农业;健全和完善县、乡、村、户四级科技推广机构,编织科技进农户、到田间的网络,使科学种田在农村全面普及。对在农业科技推广中做出贡献的农业科技人员和农户,要给予物质上的鼓励,引导农村形成人人重视农业科学技术的风气。当农业科技在农村得到广泛运用,农民收入不低于城市居民的时候,农民也许会成为令人羡慕的职业。

（3）鼓励有志于扎根农业的青年成为高素质的新型职业农民

舒尔茨认为，"如果农民要有效地使用现代农业生产要素，他们就应该比许多从事非农业工作的工人获得更多的从科学中得出的技能和知识"[①]，在《经济增长与农业》一书中，他进一步说，农民素质的提高是经济增长的重要源泉，"真正的功劳归于我们农民的能力"[②]。农业发达国家的实践证明，与高效率农业相伴的必然是高素质的职业农民。

目前我国农村劳动力的现状是，从事农业生产的年轻人少，劳动力总体文化水平低，加上老龄化的问题较突出，大多数农民不能主动运用新的农业技术，无法生产出有销路、价值高的绿色农产品。可以想象，这样的农民群体种地效益不可能高。从长远看，具有一定规模的家庭农场要发展，农业生产率要提高，必须着力于新型职业农民的培养，引导和鼓励愿意献身于农业的青年人，成为高素质的新型农民。

国家应出台政策，把新型职业农民的培养作为农业发展的重要大事来做。对有志于在农业发展的青年人，在技能培训、土地经营权流转、生产技术指导、产品销售、资金资助等各方面给予实实在在的看得见的优惠待遇。地方政府，特别是县、乡政府，应把新型职业农民的培养摆在经济工作的第一位，把 2016 年国务院的"新型职业农民激励计划"一步一个脚印进行落实。只要各级政府努力长期坚持新型职业农民的培养工作，当一批批具有开拓精神、懂技术、会管理的农民成为农业部门的生产主力军时，高效率的农业装备、现代化的经营管理理念以及各种现代农业技术的应用，一定能使不同类别的土地变成"精致的庄园"，农业的高产出、高收益将会使农民变成令人羡慕的职业。

7.3　进一步研究的方向

尽管经过努力，但由于水平所限，本研究仍有不少缺陷，如采用异质性

① ［美］西奥多·舒尔茨.改造传统农业［M］.梁小民，译，北京：商务印书馆，1987：152.
② ［美］西奥多·舒尔茨.经济增长与农业［M］.郭熙保，周开年，译，北京：经济学院出版社，1991：223.

面板随机边界模型测算全国农业的全要素生产率时，没有涉及 1978 年以前的情况；采用面板门槛回归模型分析农地制度、农地规模与农业生产率的关系时，没有细分到各省（区、市）；另外，对政策的分析不是很系统等。

进一步的研究方向：第一，如果能获取 1978 年以前的实证数据，则可以对农地制度与农业生产率的影响关系进行更为全面的分析。第二，采用面板门槛回归模型分析家庭承包责任制下农地规模经营对农业生产率的影响时，还可以进一步对每个省（区、市）展开实证分析，为各省（区、市）的农地规模经营政策制定提供依据。第三，加强对深化农地制度改革的政策研究。

参考文献

［1］陈吉元，陈家骥，杨勋.中国农村社会经济变迁（1949—1989）［M］.太原：山西经济出版社，1993.

［2］陈志刚，曲福田.农地产权制度的演变与耕地绩效——对转型期中国的实证分析［J］.财经研究，2003（6）：25–30+51.

［3］陈华林.论土地所有制的演变对我国社会的影响［J］.江汉论坛，2002（8）：36–40.

［4］陈欣欣，史清华，蒋伟峰.不同经营规模农地效益的比较及其演变趋势分析［J］.农业经济问题，2000（12）：6–9.

［5］陈锡文.不看好企业大规模发展农业家庭农场很重要［J］.畜禽业，2014（3）：57.

［6］陈富春，郭锐.论农地规模经营［J］.河南师范大学学报（哲学社会科学版），1994（2）：6–8.

［7］车维汉.日本农业实施规模化经营的动向及其启示［J］.经济研究参考，2004（3）：13–19.

［8］蔡君廷.我国农业保险发展的政策范式——来自印度农保体系的经验与启示［J］.现代商业，2018（4）：178–179.

［9］迟福林.把土地使用权真正交给农民［M］.北京：中国经济出版社，2002.

［10］［美］戴维·E.雷.企业家［M］.董成茂，译，北京：中国对外翻译出版公司，1998.

［11］［美］道格拉斯·C.诺思，张五常，等.制度变革的经验研究［M］.罗仲伟，译，北京：经济科学出版社，2003.

［12］［美］道格拉斯·C.诺思.经济史上的结构和变革［M］.厉以平，译，北京：商务印书馆，1992.

［13］［美］道格拉斯·诺思，罗伯斯·托马斯.西方世界的兴起［M］.厉以平，蔡磊，译，北京：华夏出版社，1989.

［14］［美］道格拉斯·诺斯.新制度经济学及其发展［J］.路平，何玮，编译，经济社会体制比较，2002（5）：5-9.

［15］邓大才.从效率与公平角度看农村土地制度变迁方向［J］.地方政府管理，2001（1）：8-12.

［16］冯开文.合作制度变迁与创新研究［M］.北京：中国农业出版社，2003.

［17］方福前，张艳丽.中国农业全要素生产率的变化及其影响因素分析——基于1991—2008年Malmquist指数方法［J］.经济理论与经济管理，2010（9）：5-12.

［18］［美］凡勃伦.有闲阶级论［M］.蔡受百，译，北京：商务印书馆，1964.

［19］郭德宏.中国近现代农民土地问题研究［M］.青岛：青岛出版社，1993.

［20］郭熙保.农业发展论［M］.武汉：武汉大学出版社，1995.

［21］郭熙保，冯玲玲.家庭农场：当今农业发展最有效的组织形式——基于东南亚国家土地制度变迁的视角［J］.江汉论坛，2015（5）：5-11.

［22］郭熙保，郑淇泽.确立家庭农场在新型农业经营主体中的主导地位［N］.光明日报，2014-04-23（015）.

［23］郭萍，余康，黄玉.中国农业全要素生产率地区差异的变动与分解——基于Fare-Primont生产率指数的研究［J］.经济地理，2003（2）：

141–145.

［24］郭庆旺,贾俊雪．中国全要素生产率的估算［J］．经济研究,2005（6）:51–60.

［25］国风．农村税赋与农民负担［M］．北京:经济日报出版社,2003.

［26］高梦滔,张颖．小农户更有效率?——八省农村的经验证据［J］．统计研究,2006（8）:21–26.

［27］葛静芳,李谷成．我国农业全要素生产率核算与地区差距分解——基于 Fare–Primont 指数的分析［J］．中国农业大学学报,2016（11）:117–126.

［28］［荷］何·皮特．谁是中国土地的拥有者?——制度变迁、产权和社会冲突［M］．林韵然,译,北京:社会科学文献出版社,2008.

［29］［美］哈罗德·德姆塞茨．所有权、控制与企业［M］．段毅才,译,北京:经济科学出版社,1999.

［30］［美］哈罗德·德姆塞茨．关于产权的理论［J］．经济社会体制比较,1990（6）:49—55.

［31］何宏莲．黑龙江省农地适度规模经营机制体系与运行模式研究［M］．北京:中国农业出版社,2012.

［32］何宏莲,韩学平,姚亮．黑龙江省农地规模经营制度性影响因素分析［J］．东北农业大学学报（社会科学版）,2011（6）:14–17.

［33］黄宗智．长江三角洲小农家庭与乡村发展［M］．北京:中华书局,1992.

［34］黄少安．制度变迁主体角色转换假说及其对中国制度变革的解释［J］．经济研究,1999（1）:66–72.

［35］黄少安,孙圣民,宫明波．中国土地产权制度对农业经济增长的影响:对 1949—1978 年中国大陆农业生产绩效的实证分析［J］．中国社会科学,2005（3）:38–47.

［36］黄延延．农地规模经营中的适度性探讨——兼谈我国农地适度规模经营的路径选择［J］．求实,2011（8）:92.

［37］韩海彬,赵丽芬．环境约束下中国农业全要素生产率增长及收敛分

析［J］．中国人口·资源与环境，2013（3）：70-76.

［38］黎均湛．农业规模经济的内涵［J］．经济研究参考，1998（5）：34.

［39］［美］罗纳德·哈里·科斯．企业、市场与法律［M］．盛洪，陈郁，等译，上海：上海三联书店，1990.

［40］［美］R.科思，A.阿尔钦，D.诺斯，等．财产权利与制度变迁——产权学派与新制度学派译文集［C］．刘守英，译，上海：上海三联书店、上海人民出版社，1994.

［41］匡远凤．技术效率、技术进步、要素积累与中国农业经济增长——基于SFA的经验分析［J］．数量经济技术经济研究，2012（1）：3-18.

［42］［美］罗伊·普罗斯特曼，李平，［美］蒂姆·汉斯达德．中国农业的规模经营：政策适当吗？［J］．中国农村观察，1996（6）：17-29.

［43］刘娅．目标·手段·自主需要——人民公社制度兴衰的思考［J］．当代中国史研究，2003，（1）：49-55.

［44］刘丽．印度的土地审批制度及其相关问题［J］．国土资源情报，2006（11）：22-28.

［45］林毅夫．制度、技术与中国农业发展［M］．上海：上海人民出版社，2014.

［46］林毅夫．再论制度、技术与中国农业发展［M］．北京：北京大学出版社，2000.

［47］林毅夫，蔡昉，李周．中国的奇迹：发展战略与经济改革（增订版）［M］．上海：上海人民出版社，1999.

［48］林善浪．国外土地产权的发展趋势及其对我国农地制度改革的启示［J］．福建师范大学学报（哲社版），2000（1）：17-23.

［49］陆学艺．永佃制是最好的形式［J］．新财经，2001（9）：38-39.

［50］吕爱华，胡敏华．我国农村土地制度的创新：集体所有制下的永佃制［J］．黑龙江对外经贸，2009（5）：72-73+77.

［51］李国祥．如何看待农业规模经营［N］．中国经济时报，2016-05-13（009）.

［52］李谷成，陈宁，陆闵锐.环境规制条件下中国农业全要素生产率增长与分解［J］.中国人口·资源与环境，2011（11）：153-160.

［53］李静，孟令杰.中国地区发展差异的再检验:要素积累抑或TFP［J］.世界经济，2006（1）：12-22.

［54］李晓阳，许属琴.经营规模、金融驱动与农业全要素生产率［J］.软科学，2017（8）：5-8.

［55］任治君.中国农业规模经营的制约［J］.经济研究，1995（6）：54-58.

［56］罗必良.农地经营规模的效率决定［J］.中国农村观察，2000（5）：18-24.

［57］罗平汉.农村人民公社史［M］.福州：福建人民出版社，2003.

［58］罗平汉.怎样正确看待土地改革运动［J］.红旗文稿，2011（17）：14-17.

［59］连玉君，苏治.融资约束、不确定性与上市公司投资效率［J］.管理评论，2009（1）：19-26.

［60］钱忠好.中国农村土地制度变迁和创新研究［M］.北京：中国农业出版社，1999.

［61］钱忠好.关于中国农村土地市场问题的研究［J］.中国农村经济，1999（1）：9-14.

［62］曲福田，黄贤金，等.中国土地制度研究——土地制度改革的产权经济分析［M］.徐州：中国矿业大学出版社，1997.

［63］曲福田.中国农村土地制度的理论探索［M］.南京:江苏人民出版社，1991.

［64］马克思恩格斯全集（第23卷）［M］.北京：人民出版社，1972.

［65］马克思恩格斯全集（第25卷）［M］.北京：人民出版社，1974.

［66］马克思恩格斯选集（第1卷）［M］.北京：人民出版社，1972.

［67］马克思恩格斯选集（第2卷）［M］.北京：人民出版社，1972.

［68］马克思恩格斯选集（第4卷）［M］.北京：人民出版社，1972.

［69］［德］马克思.剩余价值理论（第1册）［M］.北京：人民出版社，1975.

［70］［英］马歇尔.经济学原理(上卷)［M］.朱志泰，译，北京：商务印书馆，1964.

［71］［英］马歇尔.经济学原理（下卷）［M］.陈良璧，译，北京：商务印书馆，1965.

［72］［美］马尔科姆·吉利斯，德·希·帕金斯，等.发展经济学［M］.北京：经济科学出版社，1989.

［73］毛泽东选集（第2卷）［M］.北京：人民出版社，1952.

［74］毛泽东选集（第5卷）［M］.北京：人民出版社，1977.

［75］满莉.农村制度对农户经济地位影响的历史分析［J］.北京农业干部管理学院学报，2000（9）：30-31.

［76］马齐彬，陈文斌，林蕴晖，等.中国共产党执政四十年（1949—1989）［M］.北京：中共党史资料出版社，1989.

［77］梅建明.再论农地适度规模经营——兼评当前流行的"土地规模经营危害论"［J］.中国农村经济，2002（9）：31-35.

［78］［英］配第.经济著作选集(赋税论、政治算术)［M］.陈冬野，马清槐，周锦如，译，北京：商务印书馆，1981.

［79］乔梁.规模经济论—— 企业购并中的规模经济研究［M］.北京：对外经济贸易大学出版社，2000.

［80］全炯振.中国农业全要素生产率增长的实证分析：1978—2007年——基于随机前沿分析（SFA）方法［J］.中国农村经济，2009（9）：36—47.

［81］［日］速水佑次郎，［美］弗农·拉坦.农业发展的国际分析［M］.郭熙保，张进铭，等译，北京：中国社会科学出版社，2000.

［82］盛济川，施国庆，梁爽.农地产权制度对农业经济增长的贡献［J］.经济学动态，2010（8）：86—89.

［83］宋伟，陈百明，陈曦炜.东南沿海经济发达区域农户粮食生产函数研究——以江苏省常熟市为例［J］.资源科学，2007（6）：206-210.

［84］谢冬水.农地经营规模与效率研究综述［J］.首都经济贸易大学学报，2011（5）：97-103.

［85］邵晓梅.鲁西北地区农户家庭农地规模经营行为分析［J］.中国人口·资源与环境，2004（6）：120-125.

［86］胡初枝，黄贤金.农户土地经营规模对农业生产绩效的影响分析——基于江苏省铜山县的分析［J］.农业技术经济，2007（6）：81-84.

［87］十一届三中全会以来重要文献选读（上册）［M］.北京：人民出版社，1987.

［88］石慧，孟令杰，王怀明.中国农业生产率的地区差距及波动性研究——基于随机前沿生产函数的分析［J］.经济科学，2008（3）：20-33.

［89］唐忠.农村土地制度比较研究［M］.北京：中国农业科技出版社，1999.

［90］温铁军.中国农村基本经济制度研究［M］.北京：中国经济出版社，2000.

［91］文迪波.还农村土地所有制形式的本来面目——国家土地所有制［J］.农业经济问题，1987（8）：49-50.

［92］万广华，程恩江.规模经济、土地细碎化与我国的粮食生产［J］.中国农村观察，1996（3）：31-36+64.

［93］卫新，毛小报，王美清.浙江省农户土地规模经营实证分析［J］.中国农村经济，2003（10）：31-36.

［94］王建军，陈培勇，陈风波.不同土地规模农户经营行为及其经济效益的比较研究——以长江流域稻农调查数据为例［J］.调研世界，2012（5）：34-37.

［95］王兵，杨华，朱宁.中国各省份农业效率和全要素生产率增长——基于SBM方向性距离函数的实证分析［J］.南方经济，2011（10）：12-26.

［96］王留鑫，洪名勇.我国农业全要素生产率的区域差异及影响因素——基于DEA-Malmquist指数省际面板数据的实证分析［J］.郑州航空工业管理学院学报，2018（3）：11-21.

［97］王新有.印度的土地制度与贫民窟现象［J］.经营管理者,2009（24）:247–248.

［98］伍业兵,甘子东.农地适度规模经营的认识误区、实现条件及其政策选择［J］.农村经济,2007（11）:42–43.

［99］魏成龙,王华生,李仁君.企业规模经济——企业购并与企业集团发展研究［M］.北京:中国经济出版社,1999.

［100］［美］西奥多·W.舒尔茨.改造传统农业［M］.梁小民,译,北京:商务印书馆,1987.

［101］［美］西奥多·舒尔茨.经济增长与农业［M］.郭熙保,周开年,译,北京:经济学院出版社,1991.

［102］［美］小艾尔弗雷德·D.钱德勒.企业规模经济与范围经济工业资本主义的原动力［M］.张逸人,陆钦炎,徐振东,等译,北京:中国社会科学出版社,1999.

［103］徐汉明.中国农民土地持有产权制度研究［M］.北京:社会科学文献出版社,2004.

［104］辛逸.试论大公社所有制的变迁与特征［J］.史学月刊,2002（3）:76–80.

［105］夏永祥.农业效率与土地经营规模［J］.农业经济问题,2002（7）:43–47.

［106］［英］亚当·斯密.国民财富的性质和原因的研究（上卷）［M］.郭大力,王亚南,译,北京:商务印书馆,1972.

［107］［英］约翰·穆勒.政治经济学原理（上卷）［M］.赵荣潜,桑炳彦,朱泱,等译,北京:商务印书馆,1991.

［108］［英］约翰·穆勒.政治经济学原理（下卷）［M］.胡企林,朱泱,译,北京:商务印书馆,1991.

［109］［英］约翰·伊特韦尔,默里·米尔盖特,彼得·纽曼.新帕尔格雷夫经济学大辞典（第2卷）［M］.北京:经济科学出版,1996.

［110］［英］约翰·伊特韦尔,默里·米尔盖特,彼得·纽曼.新帕尔格

雷夫经济学大辞典（第3卷）[M].北京：经济科学出版社，1996.

[111][英]约翰·伊特韦尔，默里·米尔盖特，彼得·纽曼.新帕尔格雷夫经济学大辞典（第4卷）[M].北京：经济科学出版社，1996.

[112]叶剑平.中国农村土地产权制度研究[M].北京：中国农业出版社，2000.

[113]毛育刚.中国农业演变之探索[M].北京：社会科学文献出版社，2001.

[114]杨德才.工业化与农业发展问题研究[M].北京：经济科学出版社，2002.

[115]杨一介.中国农地权基本问题——中国集体农地权利体系的形成与扩展[M].北京：中国海关出版社，2003.

[116]杨瑞龙.我国制度变迁方式转换的三阶段论[J].经济研究，1998（1）：3-10.

[117]杨小凯.中国改革面临的深层问题——关于土地制度改革[J].战略与管理，2002（5）：1-5.

[118]杨德才.我国农地制度变迁的历史考察及绩效分析[J].南京大学学报（哲学·人文科学·社会科学版），2002（4）：60-67.

[119]杨素群.农业经营适度规模解析[J].唯实，1998（3）：25-28.

[120]姚晓晖.党在建国初期的农村政策评析[J].燕山大学学报，2002（1）：11-15.

[121]姚洋.农地制度与农业绩效的实证研究[J].中国农村观察，1998（6）：1-10.

[122]姚洋.中国农地制度：一个分析框架[J].中国社会科学，2000（2）：54-65+206.

[123]姚洋.自由、公正与制度变迁[M].郑州：河南人民出版社，2002.

[124]1957年到1967年全国农业发展纲要（草案）[J].农业科学通讯，1956（3）：66-70.

中国农业生产率问题研究——基于农地制度视角

［125］余康，郭萍，章立.我国农业劳动生产率地区差异动态演进的决定因素——基于随机前沿模型的分解研究［J］.经济科学，2011（2）：42-53.

［126］尹钦.合作组织的效率：1952—1957年中国农业合作化运动的评价［J］.中共宁波市委党校学报，2002（4）：28-37.

［127］周其仁，刘守英.湄潭：一个传统农区的土地制度变迁［M］.香港：牛津大学出版社，1994.

［128］周诚.农业规模经营问题断想［J］.中国农村经济，1989（4）：27-28.

［129］周诚.土地经济研究［M］.北京：中国大地出版社，1996.

［130］周端明.技术进步、技术效率与中国农业生产率增长——基于DEA的实证分析［J］.数量经济技术经济研究，2009（12）：70-82.

［131］张红宇.中国农村的土地制度变迁［M］.北京：中国农业出版社，2002.

［132］张永泉，赵泉钧.中国土地改革史［M］.武汉：武汉大学出版社，1985.

［133］张乐天.告别理想：人民公社制度研究［M］.上海：上海人民出版社，2012.

［134］张进选.中国农业制度变迁问题研究［D］.上海：复旦大学，2003.

［135］张术环.坚持和完善农村土地集体所有制［J］.山东理工大学学报（社会科学版），2005（2）：23-27.

［136］张荣.中国现行农地制度绩效及局限性分析［J］.甘肃农业，2001（9）：6-8.

［137］张五常.佃农理论［M］.北京：商务印书馆，2000.

［138］张五常.卖桔者言［M］.成都：四川人民出版社，1988.

［139］张亚峨.论农地产权制度对农业经济增长的贡献［J］.江西农业，2016（13）：115.

［140］张永丽，柳建平.中国农地制度演变的绩效评析及其启示［J］.西

北师大学报（社会科学版），2002（4）：99-102.

［141］张光辉．农业规模经营与提高单产并行不悖——与任治君同志商榷
［J］．经济研究，1996（1）：55-58.

［142］张忠根，史清华．农地生产率变化及不同规模农户农地生产率比较
研究——浙江省农村固定观察点农户农地经营状况分析［J］．中国农村经济，
2001（1）：67-73.

［143］张文渊．当前农村土地适度规模经营探析［J］．农业经济，1999（4）：
24.

［144］赵效民．中国土地改革史（1921—1949）［M］．北京：人民出版社，
1990.

［145］赵蕾，杨向阳，王怀明．改革以来中国省际农业生产率的收敛性分
析［J］．南开经济研究，2007（1）：107-116.

［146］曾福生，唐浩，刘辉．农村土地适度规模经营主体及实现形式研究
［J］．农村经济，2010（12）：21-24.

［147］曾先峰，李国平．我国各地区的农业生产率与收敛：1980—2005［J］．
数量经济技术经济研究，2008（5）：8192.

［148］中国农村发展研究中心，中国农业科学院农业经济研究所．马克思
恩格斯列宁斯大林毛泽东关于农业若干问题的部分论述［M］．北京：中国农
业出版社，1983.

［149］赵德馨．中华人民共和国经济专题大事记（1949—1966）［M］．郑州：
河南人民出版社，1989.

［150］Almas Heshmati，Yilma Mulugeta. Technical Efficiency of the Ugandan
Matoke Farms［J］．*Applied Economics Letters*，1996，3（7）：491-494.

［151］A. Z. Chen，W. E. Huffman & S. Rozelle. Technical Efficiency of
Chinese Grain Production：A Stochastic Production Frontier Approach［R］．
Annual meeting，2003.

［152］D. J. Aigner，K. C. A. Lovell & P. Schmidt. Formulation and Estimation
of Stochastic Frontier Production Function Models［J］．*Journal of Econometrics*，

1977（6）：21-37.

[153] D. Acemoglu, J. Linn. MarKet Size in Innovation : Theory and Evidence from the Pharmaceutical Industry [J] . *Quarterly Journal of Economics*, 2004 (3): 1-40.

[154] Arrow, J. Kenneth. The Economic Implications of Learning by Doing [J] . *Review of Economic Studies*, 1962 (29): 155-173.

[155] P. K. Bardhan . Size, Productivity and Returns to Scale : An Analysis of Farm—Level Data in Indian Agriculture [J] . *Journal of Political Economy*, 1973, 81 (6): 1370-1386.

[156] R. A. Berry, W. R. Cline. *Agrarian Structure and Productivity in Developing Countries* [M] . Baltimore : Johns Hopkins University Press, 1979.

[157] F. Bagi. Relationship between Farm Size and Technical Efficiency in West Tennessee Agriculture [J] . *Southern Journal of Agricultural Economics*, 1982, 14 (2): 139-144.

[158] F. Bagi, C. Huang. Estimating Production Technical Efficiency for Individual Farms in Tennessee [J] . *Canadian Journal of Agricultural Economics*, 1983, 31 (2): 249-256.

[159] M. R. Carter. Identification of the Inverse Relationship between Farm Size and Productivity : An Empirical Analysis of Peasant Agricultural Production [J] . *Oxford Economic Papers*, 1984, 36 (1): 131-145.

[160] M. Carter, K. Wiebe . Access to Capital and its Impact on Agrarian Structure and Productivity in Kenya [J] . *American Journal of Agricultural Economics*, 1990, 72 (5): 1146-1150.

[161] D. K. Lambert, V. V. Bayda. The Impacts of Farm Financial Structure on Production Efficiency [J] . *Journal of Agricultural and Applied Economics*, 2005, 37 (1): 277-289.

[162] D. K. Lambert, E. Parker. Productivity in Chinese Provincial Agriculture [J] . *Journal of Agricultural Economics*, 2010, 49 (3): 378-392.

参
考
文
献

[163] F. Fuller, J. Huang, H. Ma et al.. Got Milk? The Rapid Rise of China's Dairy Sector and its Future Prospects [J] . *Food Policy*, 2006, 31 (3): 201–215.

[164] S. Fan, X. Zhang. Production and Productivity Growth in Chinese Agriculture : New National and Regional Measures [J] . *Economic Development and Cultural Change*, 2002, (50): 819–838.

[165] Z. Grilliches. An Exploration in the Economics of Technological Change [J] . *Econometrics*, 1957, 25 (4): 501–522.

[166] Helena Hansson. How can Farmer Managerial Capacity Contribute to Improved Farm Performance? A Study of Dairy Farms in Sweden [J] . *Acta Agriculturae Scandinavica*, 2008, 5 (1): 44–61.

[167] R. Heltberg. Rural Market Imperfections and the Farm Size—Productivity Relationship : Evidence from Pakistan [J] . *World Development*, 1998, 26 (10): 1807–1826.

[168] B. E. Hansen. Threshold Effects in Non-Dynamic Panels : Estimation, Testing and Inference [J] . *Journal of Econometrics*, 1999, 93 (2): 345–368.

[169] Im, Jeongbin. Farmland Policies of Korea [R] . Seoul : Seoul National University, 2013 : 1–20.

[170] Gollop Jorgenson, Barbara M. Fraumeni. *Productivity and U. S. Economics Growth* [M] . Cambridge MA : Harvard University Press, 1987.

[171] John McMillan, John Whalley, Lijing Zhu. The Impact of China's Economic Reforms on Agricultural Productivity Growth [J] . *Journal of Political Economy*, 1989, 97 (4): 781–807.

[172] J. M. Alston, P. G. Pardey & J. Roseboom. Financing Agricultural Research : International Investment Patterns and Policy Perspectives [J] . *World Development*, 1998, 26 (6): 1057–1071.

[173] K. P. Kalirajan, M. B. Obwona & S. Zhao. A Decomposition of Total Factor Productivity Growth : The Case of Chinese Agricultural Growth before and after Reforms [J] . *American Journal of Agricultural Economics*, 1996, 78 (2):

331–338.

[174] S. Knack, P. Keefer. Institutions and Economic Performance : Cross-Country Tests Using Alternative Institutional Measures [J] . *Economics and Politics*, 1995, 7 (3) :207–227.

[175] KREI. Agriculture in Korea [R] . Korea : Korea Rural Economic Institute, 2015 : 55–70.

[176] W. Meeusen, van den Broeck, J.. Efficiency Estimation from Cobb-Douglas Production Functions with Composed Error [J] . *International Economic Review*, 1977, (18) : 435–444.

[177] MacDougall. The Benefits and Costs of Private Investment from Abroad : A Theotical Approach [J] . *Economic Record*, 1960 (36) : 13–35.

[178] A. Newell, K. Pandya & J. Symons. Farm Size and the Intensity of Land Use in Gujarat [J] . *Oxford Economic Papers*, 1997, 49 (2) : 307–315.

[179] Lartey G. Lawson, Jens F. Agger, Mogens Lund et al.. Lameness, Metabolic and Digestive Disorders, and Technical Efficiency in Danish Dairy Herds : A Stochastic Frontier Production Function Approach [J] . *Livestock Production Science*, 2004, 91 (1) : 157–172.

[180] Laurits R. Christensen, Dale W. Jorgenson and Lawrence J. Lau. Transcendental Logarithmic Production Frontiers [J] . *The Review of Economics and Statistics*, 1973, 55 (1) : 28–45.

[181] J. J. Lewer, G. Saenz. Porperty Rights and Economic Growth : Panel Data Evidence [J] . *Southwestern Economic Review*, 2011, 32 (1) .

[182] Lucas, Robert Jr. On the Mechanics of Economic Development [J] . *Journal of Monetary Economics*, *Elsevier*, 1988, 22 (1) : 3–42.

[183] S. W. Norton. Poverty, Property Rights, and Human Well-Being : A Cross-National Study [J] . *Cato Journal*, 1998, 18 (2) :233–245.

[184] D. North. *Institutions, Institutional Change and Economic Performance* [M] . Cambridge : Cambridge University Press, 1990.

［185］M. W. Rosegrant，R. E. Evenson. Agricultural Productivity and Sources of Growth in South Asia［J］. *American Journal of Agricultural Economics*，1992，74（3）：757–761.

［186］R. H. Coase. The Nature of the Firm［J］. *Economica*，1937，4（16）：386–405.

［187］R. H. Coase. The Problem of Social Cost［J］. *The Journal of Law and Economics*，1960（3）：1–44.

［188］P. M. Romre. Increasing Returns and Long–run Growth［J］. *Journal of Political Economy*，1986，94（5）：1002–1037.

［189］A. Sen. An Aspect of Indian Agriculture［J］. *Economic Weekly*，1962，14（6）：243–246.

［190］S. M. Helfand，E. S. Levine. Farm Size and the Determinants of Productive Efficiency in the Brazilian Center–West［J］. *Agricultural Economics*，2004，31（2）：241–249.

［191］T. Reardon，V. Kelly，E. Crawford et al.. Determinants of Farm Productivity in Africa：A Synthesis of Four Case Studies［J］. *Food Security International Development Papers*，1996，156（2）：244–248.

［192］H. Tong. On a Threshold Model In C. H. Chen（ed.），*Pattren Recognition and Signal Processing*［C］. Amsterdam：Sijthoff and Noordhoff Press，1978.

［193］T. Veblen. *The Instinct of Workmanship and the State of theIndustrial Arts*［M］. New York：Macmillan，1914.

［194］Thorstein Veblen. *The Place of Science in Modern Civilisation and other Essays*［M］. New York：Russell & Russell，1919.

［195］Thorstein Veblen. *The Theory of Business Enterprise*［M］. New York：Charles Scribner's Sons，1904.

［196］Thorstein Veblen. *The Engineers and the Price System*［M］. New York：Augustus M. Kelley，1921.

［197］Wen，GanZhong James. Total Factor Productivity Change in China's Farming Sector：1952–1989 ［J］. *Economic Development and Cultrue Change*, 1993, 10（42）：1–41.

［198］X. Xin, F. Qin. Decomposition of Agricultural Labor Productivity Growth and its Regional Disparity in China［J］. *China Agricultural Economic Review*, 2011, 3（1）：92–100.

［199］Y. Hayami，V.W. Ruttan. Factor Price and Technical Change in Agricultural Development：the United States and Japan，1880–1960［J］. *Journal of Political Economy*，1970, 78（5）：1115–1141.